W0053687

Sächsisch für Anfänger

Langenscheidt

München · Wien

LANGENSCHEIDT
SÄCHSISCH FÜR ANFÄNGER
Autor: Thomas Nicolai
Co-Autor Tobias Saalfeld
Illustrationen: Michael Kops
Lektorat: Barbara Kreißl
Layout: Dorothea Huber
Cover: semper smile, München, auf einer
Grundlage von Uwe Koch, Berlin
Projektleitung und Redaktion: Gudrun Rücker
Fotos: S. 6 fotolia/Uwe Annas; S. 36 fotolia/Alina
Isakovich; S. 56 fotolia/Jeanette Dietl; S. 66 fotolia/
Gina Sanders; S. 88 fotolia/Jeanette Dietl; S. 106
fotolia/digitalhome.eu
Coverfotos: Himmel/Wiese iStockphoto/Alfi007;
Ortsschild iStockphoto/Gewoldi; Flagge iStockphoto/
Björn Kindler; Skyline fotolia/Felix Pergande; Wappen
fotolia/sashpictures

© 2012 Langenscheidt GmbH & Co. KG, München
Satz: kaltner verlagsmedien GmbH
Druck und Bindung: Druckerei C. H. Beck, Nördlingen
ISBN: 978-3-468-73843-2
www.langenscheidt.de

17020

INHALT

Wer nach Sachsen reist, stellt sehr schnell fest: Der Sachse ist warmherzig, ausgesprochen freundlich, höflich, hilfsbereit, lustig, verschmitzt, gesellig, gastfreundlich, offen und sehr kommunikativ. Mit einem Sachsen ins Gespräch zu kommen ist nicht schwer – ihn zu verstehen umso mehr. Dabei bezieht sich das Verstehen nicht auf das, was er sagt, sondern wie er es sagt.

Mit diesem Buch haben Sie die Chance, vom Outsider zum Insider zu werden. Richtig angewandtes Sächseln wird Ihnen viele Herzen und Ohren öffnen.

Auch zuhause können Sie bei Ihrer nächsten Party von den neu erworbenen Fähigkeiten profitieren: Ihre Sprachbeherrschung wird alle sowohl verblüffen als auch erheitern.

Beeinflusst durch Medien und schlechte Imitatoren glauben viele Menschen, ein bisschen Sächseln kann doch jeder. Doch werden Sie relativ schnell feststellen, dass für echtes Sächsisch hohe Vokabel-Kenntnis und vor allem die richtige Aussprache unabdingbar sind. Hier sind drei Tipps, die Ihnen die ersten Schritte des Sächsischen sehr vereinfachen werden:

Erstens: die Kiefer-Grundhaltung. Der Unterkiefer sollte möglichst locker hängen, damit die Worte quasi einfach raus fallen können.

Zweitens: Die Weichen besiegen die Harten. Sächsisch ist ein weicher Dialekt – harte Konsonanten wie P, K oder T kommen nur in Ausnahmefällen vor.

Und drittens: Lesen Sie sich die Vokabeln aus diesem Buch laut vor. Sie werden sie so schneller und mit größerem Vergnügen verstehen und lieben. Am Ende werden auch Sie sagen: Sächseln ist Sächsy!

1 X 1 DES SÄCHSISCHEN

CRASHKURS

Guten Tag! Wie geht's?
Gruuhss! Unn, wie isses?

Rein in die gute Stube!
Häng disch off!

Wie geht es Deiner Gesundheit?
Was machn de Gnäbberz'schn?

Entschuldigen Sie bitte die Unordnung.
Endschuldschnse, meine Horns'che is
ä einds'sches Guddlmuddl.

Ich heiße Thomas.
Isch bin dor Dommieh.

Wie spät ist es bitte?
Was bummsdn dor Blahnehd?

Kommst du mit?
Bisde dahdorbei?

Hören sie bitte zu!
Horsche droff!

Jetzt mal Klartext.
Isch saach's, wie's iss.

Reden sie doch keinen Unsinn.
Mache geene Mährde.

Er ist sehr sympathisch.
Deor is ne buts'sche Nuhdl.

Ich habe für Sie Bonbons mitgebracht.
Isch habbe Schnongse dorbei.

Auf Wiedersehen.
Machs hibbsch.

Addsche

Abgeleitet vom französischen „Adieu" hat der pfiffige Sachse seine bodenständige und leichter auszusprechende Variante gefunden. Der Sachse verabschiedet sich gern von guten Freunden mit: „Machs Addsche!"

Äschah!

„Ach wo!"; Sprachwissenschaftler halten dieses Wort für eines der ältesten und daher ursächsischen Wörter, bezeichnen es gar als völlig einzigartig, da es sich in keiner anderen deutschen Mundart wieder findet.

Aufwaschn

Hausarbeit ist für jeden Sachsen Ehrensache. Beim „Aufwaschn" handelt es sich um die manuelle Reinigung des Geschirrs.

Babuhschn

Das sind die guten alten Hauschuhe. Zwar nicht besonders schick, aber dafür bequem und schön warm. Und mal ehrlich: Was nützen die schicksten Strümpfe, wenn man an „de Gnäbberz'schen" friert?

Blaudse, de –

„Dä Blaudse" ist eigentlich der Bauch. „Da habbsch mior de Blaudse vollgehaun!" heißt so viel wie „Ich habe sehr viel gegessen!" Blaudse steht auch für die Brust:

„Isch habbs heide off dor Blaudse!" Allerdings sagt der Sachse nicht „Blaudsn" zum Husten, sondern Bellen: „Na saache ma. De bällsd abor heide gands scheen!"

blimmerand

Hypochonder gibt es nicht in Sachsen. Hier wird gearbeitet und nicht gejammert. Dennoch kann auch dieser starke Charakter ab und zu über Unwohlsein klagen. Dann sagt er: „Heide isses mior ärchendewie schon dn gands Dahch so blimmerand dsemuhde!" oder auch „Mior isses heide gor nisch hibbsch!"

Boddn

So heißen die Schuhe „Was haddn där fier Boddn an?" Ebenso gilt „de Gwanndn".

Buchd, de

Die „Buchd" liegt nicht am Meer, sondern ist eine sozial grenzwertige Familie. So etwa in der Art der „Flodders" oder an der Musterfamilien, die uns jeden Nachmittag bei RTL die Ohren voll jammern. „Das is verlei ne Buchd!" Alternativ geht: „äs Gesoggse", „de Bagahsche" oder „äs Gehoddsche".

Buffrds'sche

Die Wohnung ist des Sachsen Lieblings-Rückzugsort. „De Buffrds'sche" ist die leicht verwohnte Bleibe, die gemütlich und mitunter ziemlich klein ist. Aber wie heißt es so schön: „Mei Hohm is mei Gahsl!"

behummsen
Das bedeutet: betrügen. „Der will mich behummsen!", sagt man über Rechtsanwälte, Vertreter sowie andere zwielichtige Existenzen und „Forbreschor". Da der Sachse ein grundehrlicher Zeitgenosse ist, macht man sich beim Behummsen schnell unbeliebt.

dahdermidd
Total umständliche Variante des Wörtchens „damit". Dahdermidd wird das Gesagte noch mehr bekräftigt: „Goof den Guchen, deor schmeggd. Dahdermidd gann mor guhd in'dn Gaffee nein diddschn."

dämmeln
Entspricht dem hochdeutschen Schlendern. Es dient der Gemütlichkeit und Stressminimierung. Schließlich ist der Sachse „gemiedlisch" und freut sich über jede Pause. Natürlich nicht, um der Faulenzerei zu frönen, sondern um sich zu entspannen. Das ist auf jeden Fall etwas ganz anderes.

Deeds, dor
Der Kopf und/oder im besonderen Falle auch die Schädeldecke, ebenso gilt „dor Gobb", „de Dunnsd-

gullor", „dor Gärbis", „dor Nibbs", „dor Nischl",
„de Riebe", „de Bärne", „de Färns'sche", „de Ärbse".

Drahnduhde
Begriffsstutzig ist der Sachse nicht, aber es kommt
immer wieder vor.

Drheeme
„Drheeme isses am scheensdn!", meint der Sachse und
Recht hat er. Er ist ein Kuscheltyp, der es zuhause gern
gemütlich hat "weil: „Drheeme is drheeme" – „Home,
sweet home" auf sächsisch.

diddschn
Eine uralte Tradition in Sachsen: Zum Kaffee gibt's
Kuchen, den man gut „diddschn" kann. Besonders
geeignet ist „de Schdreiselschnegge". Nirgendwo sonst
gehört das „Diddschn" so zum sozialen Miteinander
wie in Sachsen. Nirgendwo anders „diddschd" man
seinen Kuchen genüsslicher als hier. „Ja ja, mior
Saggsn, sin schon ä buts'sches Felg'schen!"

In einem Café sitzen zwei Männer am Tisch. Nach
einer Weile fragt einer: „Enschulchn Se, derfde ich
mein Guchn mal in Ihrn Gaffee didschn? Meiner is
nämlich alle."

Dieschor, dor

Meint die Tücher im Haushalt, mit denen man putzen kann: „de Schdoobdieschor", „de Wischdieschor" oder „de Babierdaschndieschor", aber auch den Tiger: den „sibir'schn Diehschor" oder den „bengal'schn Dieschor". Manche Liebesnacht wird gekrönt vom Ausruf einer Frau, die ihren Liebsten mit den Worten „Gomm här, du Diehschor!" anfeuert.

Drallewadsch

Durcheinander, welches den Sachsen ganz persönlich und mitunter auch körperlich treffen kann. So ruft der kränkelnde Sachse aus, wenn ihm schwindlig ist: „Mior isses heide so Drallewaddsch in dor Dunsdgullor!"

einholn

Es beschreibt nicht den maritimen Vorgang des Anker-einholens, sondern den Prozess des Einkaufens. Zu DDR-Zeiten war diese Beschreibung treffender als heute. Denn manchmal musste man das kaufen, was es gerade so gab. „Na, mior haddn doch nischd!"

Familche, de

Die Familie gilt auch für den männlichen Sachsen als zwar kleinste, aber sicherste Zelle der Gesellschaft. Da hat er seine „Muddie" und seine geliebten „Wännsdor", die ihn bedingungslos lieben.

fehndsen

Das bedeutet „weinen" oder „schluchzen". Dabei unterscheidet der Sachse sehr wohl, was echtes Leid ist und was nicht. Wenn einer „fehndsd", bekommt er die erdiente Liebe und totale Aufmerksamkeit, die er braucht. Wenn es sich aber nur um Selbstmitleid oder Wehleidigkeit handelt und jemand nur „gähgd", muss er sich nicht wundern, wenn keiner sich kümmert.

Feier-Riehbl, dor

So nennt man den Schornsteinfeger oder „Essengehror". Auch in Sachsen gilt der „Feier-Riehbl" als Glücksbringer und wird von Groß (weiblich) und Klein berührt. Sein schwarzer Ruß soll Glück bringen. Kontakt = Glück! Toll, heute haben wir dafür Facebook. Früher hat noch der Schornsteinfeger gereicht.

ferdsch

Fröhlicher Ausruf, der anzeigt, dass man endlich fertig ist. Böse Zungen behaupten, dieses Wort sei in Sachsen ein Synonym für Orgasmus. Ungeheuerlich! Eine Klage vor dem Internationalen Gerichtshof ist anhängig.

Feudl

Auch „dor Hader" oder „Scheuorhader". Jede sächsische Hausfrau mit Stil hat einen Feudl im Besenschrank, mit dem sie ihre „Buffrds'sche dorschfeudld".

Fiehdschoregordor, dor

Gerät zur Aufnahme und Wiedergabe von Audio-
und Videosignalen. Bundesweit berühmt wurde dieses
sächsische Wort durch einen Radio-Telefonstreich, in
dem ein cholerischer Opa beim Media-Markt anrief,
weil er mit seinem Fiehdschoregorder im Clinch lag.

fischeland

Nein, Sachsen sind nicht fischig. „Fischeland" ist die
Umschreibung für umtriebig, pfiffig oder wachsam.
Nicht selten muss man auch mal ungerade Wege gehen, um zum Ziel zu gelangen. Den Sachsen stört das
nicht, getreu dem Motto: „Dor Weesch isses Ziel!"

Fisscmadendschn

Bedeutet so viel wie Kleinigkciten, aber auch Aus-
flüchte oder Flausen. Man könnte meinen, dass der
Wortstamm französischen Ursprung ist. Dem ist
nicht so – obwohl es so klingt. Womit wieder mal
bewiesen ist: Der Sachse kann sich international
geben, wenn er will. „Mior Saggsn sin dohdahl
indernäschenälmäß'sch droff. Guhl!"

Fläbbe, de

Der zum Weinen verzogene Mund. Wird meist von
Kleinkindern und missgelaunten Frauen als Druck-
mittel eingesetzt.

Flossn, de
Die Hände, die auch gerne etwas größer ausfallen können (*siehe „de Fohdn"*).

Fohdn, de
Hände, meist sind damit große Exemplare gemeint. „Gugge dior ma die Fohdn von dem an. Dahdermidd gann der Waldbrännde in Gannadah ausgladdschn!"

Frosdhugge
Eine „Frosdhugge" ist keine eisige Kuhle, wie man sie vielleicht in Gefriertruhen oder Gefrierzellen findet. Eine „Frosdhugge" ist ein Mensch, der leicht friert und das nicht nur im Winter, sondern auch im Sommer. Dann wird auch schon mal der dicke Wollpulli angezogen. Tja, Weichei bleibt Weichei.

gähs'sch
Käsig oder auch blass zu sein verrät gesundheitliche Defizite oder zu wenig Bewegung an frischer Luft. Wenn der Sachse meint „De siehsd abor heide gähs'sch aus!", dann impliziert es den dringenden Rat, mal den Computer auszumachen und spazieren zu gehen.

Garussel
Achtung: Die Betonung liegt hierbei auf dem „u" und nicht auf dem „e". Das Karussell wird im Sächsischen

eindeutig schwungvoller betont. So dreht sich das
Jahrmarktsgefährt gefühlsmäßig gleich viel schneller.
Der Sachse mag es eben, wenn es rund geht und ist für
fast jede Art der Belustigung, jeden „Fehds" zu haben.

Gänsefleisch

Gehört zur Gruppe der bekannteren sächsischen Worte.
Aber nicht als Synonym für das wunderbar bekömmli-
che Gericht, sondern als Aufforderung „Können Sie
vielleicht … !" Berühmt als Ausspruch eines sächsischen
Grenzers: „Gänsefleisch ma n Gofforraum off machen!"

Gaggsch

Gag, Blödsinn, Nonsens. „Wassn das fürn Gaggsch in
der Giche? De Muddor liechd naggsch offn Dische."
Sachsen hat eine lange und erfolgreiche Kabarett- und
Satire-Tradition. Während des Dritten Reichs trieben
die sächsischen Kabarettisten mit spitzer Zunge ihre
Späße und ärgerten mit Lust die Obrigkeit. So schrieb
schon in den 30er-Jahren die sächsische Mundart-
dichterin Lene Voigt:

> „Mir Saggsn, mir sin helle,
>   das weeß de ganze Welt.
>   Un sin mir ma nich helle,
>   da ham wer uns verstellt."

gaubeln

Das bezieht sich auf eine schöne alte sächsische Tradition des kaufmännischen Handelns. Überhaupt „gaubeld" der Sachse gern und häufig. Sowohl professionell als auch privat. Das ist keine willkürliche Behauptung von mir. Die Sachsen wurden zuerst weltberühmt als pfiffige Händler und Kaufleute. Der Dialekt wurde erst sehr viel später bekannt. Ist vielleicht auch besser so.

Gesischdsfrommsor, dor

Humoristische Umschreibung aus dem Militär-Milieu für Gasmaske, auch „Schnuffi" genannt. Dabei war das Tragen der Maske weder lustig noch war es dem Äußeren des Trägers zuträglich. Bei Partys fiel ich damit immer unangenehm auf.

giegsn

Wörtlich übersetzt heißt es so viel wie stechen. Umgangssprachlich meint es aber auch das freundschaftliche Necken bzw. Kitzeln: „Hähre of midd Giegsn!" Gern wird es aich als saloppe Bezeichnung für den Geschlechtsverkehr benutzt: „Giegsn in de Lulli" ist die rabiate, aber leidenschaftliche Form des Sex.

DOR SAGGSE SAACHD – DER SACHSE MEINT

Se wern enschuldschn ...	Entschuldigen Sie bitte ...
Von dor Sache heor	Ich will mal sagen ...
Hior is ne Bulle Ruuhs.	Ich habe eine Flasche Schnaps mitgebracht.
Sch'wär bleede!	Ich werde verrückt!
Da gennd'sch misch uffrähschn!	Jetzt rege ich mich aber auf!
Mach de Gugglschn off!	Sieh doch mal genauer hin!
Wiedn nu?	Was machen wir nun?
Da wärd doch dor Hund in dor Fanne verriggd.	Das ist ja unglaublich.
Machs Addsche!	Auf Wiedersehen!

Gladdsn-Schorsch, dor
Der Sachse legt viel Wert auf sein gepflegtes Äußeres. Um diesem Anspruch zu genügen ist ein Besuch beim Friseur unabdingbar.

Gnäbberz'schn, de
Die Knochen: „Mior duhn de Gnäbberz'schn weh!" Wenn man es wörtlich übersetzen würde, käme „Knöchelchen" raus. Der Sachse verniedlicht alles und jeden und sich selber auch, um sich nicht zu wichtig zu nehmen. Denn wehleidig ist der Sachse nicht; auch wenn er gerne darüber redet – das lindert den Schmerz.

goddrisch
Beschreibt das Gefühl des Unwohlseins, das man niemandem wünscht. „Mior isses heide so goddrisch!"

gohgln
Hat nichts mit Google zu tun, sondern kommt vom Wort „kokeln"– „mit dem Feuer spielen".

Greids, äs
Da der normale Sachse sehr sportlich gebaut ist, hat er dann auch ein gut gebautes Kreuz (nicht nur einen popligen Rücken). Bei Rückenschmerzen klagt man in Sachsen so: „Isch habbs heide im Greidse!"

Griewahdsch

Das geliebte Kind und überhaupt der Nachwuchs wird mit den schönsten Worten bedacht: „dor Zwuhnsch", „Balsch", „ä Gärlschn", „dor Säggsor", „de Griefe".

Griminahlbollidsei

Dein Freund und Helfer, der immer dann auftaucht, wenn man ihn nicht braucht. Das ist in Sachsen so wie überall.

Gruhdschor, äs

Ein kleines Kind oder ein Kleinwüchsiger, ebenso „ä gleenor Gnobb", „Nubbelnuhdschor", „loofendor Meehdor", „dor Schbruhds", oder – besonders fantasievoll – „ä Worzlwärgindschanor".

Guhdsdor, Mei

Liebevolle Bezeichnung des Freundes oder Kollegen, beinhaltet Respekt, Wärme und Gemütlichkeit. Mehr soziales Miteinander ist kaum möglich. Außerdem offenbart es auch die totale Akzeptanz, Achtung und Liebe dem Anwesenden gegenüber: „Dem wärrd isch gladd meine Grouhsmuddor ausborschn!" Gibt's natürlich auch in der weiblichen Form – „meine Guhdsde".

Habschn Bahbschn

So bezeichnet der einfache Sachse sein Hab und Gut. Da dies mitunter recht wenig ist, wird die Verniedlichungsform benutzt. So bescheiden ist der Sachse.

Haggn-Wolwo

Einkaufs-Wägelchen, auch HaWaZuZie („Handwagen zum Ziehen") genannt. Wieder einmal beweist der Sachse hier, dass er auch bei den einfachen Dingen des Alltags Phantasie und Witz mobilisiert.

häggorn

Klettern, kraxeln oder schnell über hügeliges Gelände fortbewegen. Manchmal beschreibt es auch den Geschlechtsakt *(siehe auch „bimmborn", S. 60).*

Hiddsche, de

Die Fußbank; ideal, um „de Gnäbberz'chen" abzulegen. Entspannung muss sein. Ruhezeiten werden selbstverständlich eingehalten – aber nicht, um sinnloser Trödelei zu frönen, sondern nur, um die Batterien aufzutanken. Und zwar auf genüssliche Art. Dazu noch „ä Scheelschn Heessn" – dann ist die Welt in Ordnung.

hirschn

Geschmeidig wie eine Gazelle, flink wie ein Wiesel und stark wie ein Hirsch bewegt sich der Sachse durchs

Leben. Und wenn er mal schneller ans Ziel gelangen will, dann muss er eben „ma nübor hirschn".

hubbn

Hüpfen oder springen. Populär wurde dieses Wort durch folgende Ansage am Leipziger Hauptbahnhof: „Leibz'scher Haubahnhouf, alles naushubbn!"

hühbn

Zu „Hühbn" gehört auch „Drühbn". Wobei mir immer noch keiner sagen konnte: Wenn ich „hühbn" bin, wo ist dann „drühbn"?

iedsisch

Wenn einer „iedsisch" ist, dann ist er zornig, außer Rand und Band, unglaublich wütend. In solchen Situationen sollte man keine blöden Ratschläge geben, denn es ist ja eh zu spät. Also: Klappe halten und sich dezent zurück halten.

Lehm

Das ist das vermutlich außergewöhnlichste sächsische Wort aller Zeiten, denn es hat drei komplett unterschiedliche Bedeutungen. Zum einen ist es der bekannte Baustoff, der Lehm. Zum anderen bezeichnet es eine Art von Wildkatzen, „de Leehm". Und drittens ist es das Leben. „Ähmd, lehm un lehm lassn!"

mährn

Rumwühlen, rumfummeln; Der Sachse „mährt" zwar gerne rum, aber er kann sich andererseits aber auch fürchterlich über lahmarschige „Drehdlfriddsen uffrähschn", die sich nicht „ausmährn" (*siehe auch* „Mährmuhs", *S. 81*).

manschema

Dieses Wort passt immer, denn es ist ein Füllwort. Ähnlich dem Verlegenheitswort „halt" („Es ist halt so!"), welches einfach nur blöd ist. „Manschema" schlägt dagegen alle Füllwort-Konkurrenten locker aus. „Manschema" – auf Hochdeutsch „manchmal" – wird vom Sachsen übrigens auch als Höflichkeits-Floskel benutzt: „Kannste manschema mit anfassen?" ist sowohl Frage als auch Bitte, lässt aber dem Befragten durchaus die Möglichkeit, entspannt zu entscheiden. Sie sehen: Der Sachse ist stets bemüht, auch sprachlich den sozialen Frieden zu wahren.

mausen

Nein, es ist kein Begriff aus dem Tierreich, sondern bezeichnet schlicht die Tätigkeit des Stehlens. Das mag zwar liebenswert, ja fast schon süß klingen, aber es ist und bleibt natürlich eine Straftat, der wir hier in diesem Buche ohne Wenn und Aber sehr kritisch gegenüber stehen.

Der unbekannte Vokal Schwer zu beschreiben, was er ist, dieser andernorts unbekannte Vokal.
Er ist kein A und auch kein O, obwohl er mehr O ist als A und er kommt an Stelle des E und des A, aber nicht beim O, denn das O wird ausgesprochen wie ein ganz normales O, allerdings mit einer Prise U, jedoch nicht vor einem R, denn da ist es ein beinahe reines O. Verwirrend? Mag sein, aber bevor man diesen, in jeder Hinsicht sächsischen Vokal, nicht fehlerfrei beherrscht, wird man immer als Auswärtiger entlarvt werden. Denn er ist allgegenwärtig und eine tragende Säule dieser Sprache. Hören Sie, üben Sie, und irgendwann werden Sie sie lieben, diese sächsische Allzweckwaffe, die im „Ludor" genauso zu Hause ist wie im „Orsch".

Mouhdschegiebschn, äs

Der Marienkäfer oder auch Mariechenkäfer – schöner kann das in deutscher Sprache wohl nicht gesagt werden. Für Sie, verehrte Leser, ist dieses Wort die ideale Sprachübung, um der sächsischen Mundart näher zu kommen. Versuchen Sie es gleich einmal: Den Unterkiefer schön locker hängen lassen – und dann ganz gemütlich rauslaufen lassen: Mouhdschegiebschn. Sehen Sie, es geht doch.

Muddiejäääh

So ruft der kleine Sachse ebenso lautstark wie fordernd nach seiner weiblichen Erziehungsberechtigten. Man beachte: Das eigentlich überflüssige „ä" wird behandelt wie ein Suffix und ist deutlich länger zu rufen als das eigentliche Wort.

Musickor, dor

Der Musiker. Einige besonders kunstsinnige Sachsen behaupten, der Muusiker mit einer nachhaltigen Betonung auf dem u sei ein Musiker aus dem klassischen Bereich, der „Musickor" (Betonung auf dem i) dagegen der leichten Muse zuzuordnen. Warum der Sachse das so fein säuberlich trennt, wird mir auf ewig ein Rätsel bleiben.

Mus-Schbridse

Nein, in einer Konditorei werden sie dieses Gerät nicht finden. Denn hierbei handelt es sich um einen Regenschirm, der seinen Träger getreulich vor Regen, Sturm und dem ganzen anderen „Dseich" beschützt. Mögliche Alternativbezeichnungen bei Unwetter mit Blitz und Donner sind auch „de Gewiddorflinde" oder „Gewiddergrigge".

nacherds

Gilt als Zeitangabe für „nachher" oder „später". Wobei der Sachse keineswegs „Duhnichguhd" ist, der immer alles auf die lange Bank schiebt oder ewig „rummährd". „Nacherds" meint meist noch den Zeitraum des laufenden Tages und verrät somit ganz nebenebei auch so einiges über das Pflichtgefühl des modernen Sachsen.

Nischl, dor

Gemeint ist damit ein besonders großer Kopf. So wie der Lenin-Nischl oder der von Marx oder anderen kommunistischen Geistesgrößen, die zu DDR-Zeiten Parks und Plätze zierten.

nu

Das kleine Wörtchen mit dem kurzen u bedeutet so viel wie „ja" und ist besonders im Dresdner Raum gebräuchlich. Manchmal wird auch ein kleines schnelles „Nu nu" nachgeschoben, um dem Gesagten noch mehr Nachdruck zu verleihen.

Nu euja

Meint „Aber sicher doch!" Darin liegt so viel Wärme, Fantasie und Eloquenz, dass man einfach nur den Blick senken kann und dankbar ist – für die sächsische Mundart.

offhengn

aufhängen. Wenn der Sachse liebevoll zu seinem
Besuch sagt: „Hängdsch off!", so ist dies keine Aufforderung zum Suizid, sondern lediglich der freundlich
gemeinte Hinweis, seine Kleidung an der Garderobe
aufzuhängen.

Oochn, de

Die Augen, ebenso möglich „de Gnäbbe" oder „de
Guggelchen"

Radahrdiehdn, de

Die Fledermaus besitzt große Exemplare und kann
mittels ihrer genetisch angeborenen Ultraschall-Ortung
selbst in absoluter Dunkelheit extrem gut hören.
Genauso ist es mit dem Gehör des Sachsen, denn auch
er verfügt über sehr gute „Radar-Tüten". Möglich ist
natürlich auch „de Leffl".

Was iss dor Undorschiehd dswischn ä Dehgessl
un Odelloh?
Na, gands eimfach.
Beim Dehgessl, da siedet deor Deh.
Unn bei Odello, da deeded deor sie.

Randsn

Es handelt sich nicht um das Ding aus der Schulzeit. Der „Randsn" ist ein dicker Bauch, der natürlich nur sinnlichen Menschen gestattet ist, die gerne in Gesellschaft schlemmen und trinken. Alternativ „de Blaudse", „de Wammbe", „dor Wansd" oder „de Gullor".

Rennbabbe, de

Autoähnliches Fortbewegungsmittel aus Duroplast, bekannt unter dem offiziellen Namen „Trabant 601". Andere Bezeichnungen waren „iebordachde Zindgerze", „moderne Gehhilfe", „Zwiggauer Flischdlingsgoffor", „Gardong de Blamahsch", „Saggsnborsche".

Rennsemmln

Wird gern für schnell rennenden Kleinkind-Sachsen benutzt. Möglich ist auch „sebbeln".

Rieschgolbn, dor

Die Nase, meist eine auffallende Ausnahme-Erscheinung. Möglich auch „dor Golbm", „dor Bohbldorm", „dor Schnorschhahgn", „de Gorge" oder „dor Zinggn".

Was ist das Gegenteil von Barderre (Parterre)?
Ä baahr Digge!

rumgrähbln

Sich mit einer schwierigen Arbeit abmühen oder quälen. Dieses Wort verrät viel vom sächsischen Ehrgeiz. Der Sachse will es wissen, ganz genau. Ja, er verbeißt sich mitunter in schwierige Themen und „grähbeld" rum, aber am Ende kommt er immer ans Ziel.

Rungs

Großer Kerl, der durch seine imposante Erscheinung zu beeindrucken weiß. Mitunter wird auch ein allzu klobig abgeschnittenes Stück Brot als „Rungs" bezeichnet.

säggs´sche Gemiedlichgeid

Dieser sprichwörtliche Wesenszug des Sachsen manifestiert sich „im Scheelchn Heeßn" und „ner Schdreilselschnegge", die man gut „diddschn" kann. Wenn man dann noch die Beine „off de Hiddsche" legen kann, ist Entspannung pur angesagt. Sächsische Wellness eben.

schubborn

Das hat nichts mit Schuppen an Fischen oder auf der Kopfhut zu tun. „Schubborn" besagt, dass es den Sachsen fröstelt „Misch schubbords abor!"

Schduhbndieschor

Liebevolle Umschreibung für Hauskatzen. Ein bisschen Urwald und Exotik für die eigenen vier Wände.

Die sächsische Gemütlichkeit Die „säggs'sche
Gemiedlichgeid" prägt das Wesen des Sachsen.
In sich ruhend, beinahe alles ertragend, überaus
friedliebend will der Sachse im Grunde nur eins:
seine Ruhe – der Sachse ist die personifizierte Aus-
geglichenheit. Wenn man allerdings seinen Frieden
wiederholt und nachhaltig stört, kann er „fuchs'sch"
werden. Beredtes Beispiel dafür ist der zutiefst
gekränkte Ausruf des letzten sächsischen Königs
Friedrich August III.: „Machd doch eiern Dregg
alleene!" Kurz darauf dankte er ab.
Weniger passiv war die Reaktion auf die längst
gründlich verdorbene „Gemiedlichgeid" 1989: In
Leipzig gab es die ersten Montagsdemonstrationen,
über die schlussendlich ein gesamtes Gesellschafts-
system gestolpert ist.

Schnubbn

Jeder hat ihn ab und zu. Vom Nordpol bis nach Neu-
seeland. Schon Moses litt darunter, ebenso Goethe.
Auch der Papst hat ab und zu Schnupfen. Aber nirgendwo wird er so sinnlich bezeichnet: „Ja, isch habbe
Schnubbn."

ungeneußsch

Ungnädig, unleidlich. „Sei ni so ungeneußsch!".
Möglich ist auch „gniedschisch".

verbummfiedln

Vergesslichkeit ist keine Zier, wird aber auf verständnis-
volle und charmante Art und Weise moniert. Denn
das kann ja jedem mal passieren. „Na? Hasde schon
wiedor was verbummfiedld?"

verlei

Sagt der Sachse „verlei", will er nicht irgendwas aus-
leihen. „Verlei" ist die liebevoll-praktische Verkürzung
von „vielleicht" (*siehe auch „manschema", S. 26*).

Wännsdor, dor

Nachwuchs, Kinder, Brüllfleisch. „Dor Vahdi un de
Muddi" sind zwar manchmal genervt, aber was wäre
das Leben ohne Kinder? Manche behaupten: ruhiger.

Auf dem Standesamt. „Wie wolln se nu ihr Sehnschn
nennen?" „Dankwart!" „Also nee. Es muss schon ä
eschdor Vorname sein. Das is doch gee Name, sondern ne Berufsbezeischnung."

SPEIS & TRANK

CRASHKURS

Können Sie mir ein gutes Restaurant empfehlen?
Wo gann mor hior was schnabbuliorn?

Wir benötigen einen Tisch für zwei Personen.
Mior brauchn n Zweior.

Könnten Sie etwas rutschen, damit wir auch noch Platz haben?
Ruddsch ma ä Schdiggl.

Ich habe großen Hunger.
Isch habbe Gohldamf wie Sau.

Was können Sie uns heute empfehlen?
Was gibbdsn?

Bitte bringen Sie mir die Brühe.
Sch'nehme de heeße Fleeschbriehe.

Obacht, es ist sehr heiß.
Bass uff, s'is heeß.

Kann ich bitte noch mal die Speisekarte
haben?
Isch wärde gerne nochma in de Gardde illern.

Bringen Sie mir bitte noch das Makronentörtchen.
Sch'hädde gerne noch de Lärsche.

Ich bin satt.
Mei Nahbl gländsd.

Jetzt wäre ein Schnaps gut.
Sch'brauch ä Verteilor.

Gib mehr Trinkgeld!
Du geiz'schor Gnochn!

Ähborn

Oder auch „de Gardoffln". Ja, der Sachse ist ein ausgesprochener Kartoffelesser, und er mag sie in jeglicher Form, von der Pell bis zur Bratkartoffel.

Bäbe

Eine „Bäbe" ist kein Begriff aus der Musikerszene wie ihn vielleicht ein sächsischer Soulsänger für seine große Liebe benutzt. Nein, eine Bäbe gehört zur Gruppe der Backwaren. Der gute alte Rührkuchen ist auch in der sächsischen Küche zu finden. Warum er so heißt, konnte mir aber auch keiner sagen.

Beffschdegg

Das angelsächsische Beefsteak führt den Sachsen sprachlich an seine Grenzen. Deshalb spricht er es so aus, wie es ihm seine Mundart erlaubt. Nicht schön, aber trotzdem weiß jeder mehr oder weniger, was damit gemeint ist. Zumindest in Sachsen.

Bemme

Stulle, Schnitte oder belegtes Brot. Mal ehrlich: Bemme klingt doch am sinnlichsten.

biedschn

Oder auch „schlabborn" bezeichnet das genussvolle Trinken von „ä Scheelchn Heeßn". Irgendwie macht es da der Sachse fast ein wenig wie der Asiate, der ja auch lautstark die Nahrungsaufnahme seinen Mitmenschen zur Kenntnis bringt. Allerdings geht der Sachse längst nicht so weit über unsere akustische Tolleranzschwelle hinaus.

Gewandhaus-Sächsisch Keine Frage, der Sachse liebt seine Sprache, und er ist überaus stolz auf sie. Und womit? Mit Recht! Trotzdem versucht er sie hier und da zu zügeln, denn Dialekt sprechen ja nur die einfachen Leute. Wenn man studiert hat oder es wenigstens gern hätte, möchte man das auch unbedingt akustisch anzeigen: Man spricht dann so genanntes Gewandhaus-Sächsisch.

Dabei drückt man sich besonders gewählt aus und bringt die übertrieben deutliche Aussprache mit Nachdruck in die Nähe des Hochdeutschen. Schließlich fühlt man sich zur Oberschicht gehörig, ja, man ist was Besseres – die gute Sprache beweist es. Nichtsdestotrotz schimmert natürlich das unverwüstliche Sächsisch weiter durch alle Ritzen der Konversation, besonders in Momenten nachlassender Konzentration, sei es durch Erregung, Übermüdung oder Alkoholmissbrauch.

Bieweh

Es gibt Worte, da scheitert der Sachse schlichtweg in Sachen Aussprache. Verfolgt von der Häme der nichtsächsischen Welt, versucht er immer wieder „fein und ordentlich" zu sprechen. Und so wird aus dem französischen Buffet oder Büfett der akustische Unfall „Bieweh". Was dann doch auch wieder Charme hat, oder?

Blämbe

Oder auch „Briehe" bezeichnet eine kaum genießbare Suppe oder ein Getränk, die entweder sehr dünn oder einfach nur scheußlich sind.

Blörre, de

Ein besonders schlechter, dünner Kaffee. Gilt in Sachsen als Delikt und wird strafrechtlich verfolgt. Wenn Sie sich in Sachsen Freunde machen wollen, kochen Sie um Himmels Willen niemals keine „Blörre" nich! (*siehe auch „Bliehmchengaffee"*)

Bliehmchengaffee

Dieser Kaffee ist so dünn, dass man sogar das Blümchenmuster auf dem Grund der Tasse sehen kann. Das Blümchenmuster übrigens stammt aus der berühmten Meißner Porzellan-Manufaktur, wo dieses hübsche Muster den Tassengrund zierte.

Bullsniddsor, de

Damit sind die Pulsnitzer Pfefferkuchen (geschützter Name) aus Pulsnitz gemeint. Jenes leckere Weihnachtsgebäck wird in Wirklichkeit ohne Pfeffer gebacken, schmeckt aber umso besser.

Damfriehm

Das ist eine Bockwurst, die eben so heiß ist, dass sie dampft. Wenn es dazu noch „änne Gouhse" (*siehe S. 47*) gibt, ist der Himmel auf Erden nicht mehr fern.

Bilde einen Satz mit „Angola!"
An Gohla gennd'sch misch dohdsaufn.

Dieschl

Auch als „Tiegel" bekannt. Eine kleine Pfanne, in der man viele kleine und große Leckereien und andere „Schnorbseleien" zubereiten kann.

Eiorschegge, de

Die Eierschecke ist eine Kuchenspezialität aus Sachsen. Dieser Kuchen wird gefüllt mit Äpfeln, Mohn oder Quark und mit einem Belag aus Sahne und Ei überzogen – dafür lass ich doch sogar meine „Schdreiselschnegge" stehen!

Färs'sche

Zu DDR-Zeiten waren sie ein überaus seltenes und daher beliebtes Obst, welches im Westen eher unter dem Namen „Pfirsiche" bekannt sein dürfte. Charakteristisch für dieses Steinobst ist seine enorme Saftigkeit, die nicht nur die Hände, sondern die gesamten oberen Extremitäten benetzt. Da hat sich seit dem Mauerfall nichts dran geändert.

Gärsche, de

Die Kirsche. Sie wird durchaus gerne auch als Bezeichnung für die geliebte Freundin verwendet (*siehe „de Mördse", S. 65*). Auf keinen Fall aber darf sie verwechsel mit „dor Gährsche" – die meint nämlich ein Gotteshaus.

Gaffee un Guhchn

Das ist die sehr unprosaische Bezeichnung für eine kleine Kaffeepause. So lieblos kann es nur in der Kantine oder beim Personalgespräch zugehen. Echte „Gemiehdlichgeed" kommt hier nicht auf.

Gaffee, dor

Der Kaffee, der liebevoll auch „ä Scheelschn Heeßr" genannt wird, gehört zu Sachsen, wie zu Schwaben die Kehrwoche, zur Pfalz der Saumagen und zu Bayern die Weißwurst.

Gaffeesaggse

Dieser Zeitgenosse ist ein grundsätzlich Gemütlicher. Der Ausdruck ist eine Anspielung auf den angeblich überdurchschnittlich hohen Kaffeegenuss des Sachsen – was aber reine Legende ist. Der vermeintlich spöttische Spitzname trifft uns Sachsen nicht. Anders als beim Schwaben, der ja zu Recht als „Suppenschwabe" bekannt ist.

Dor Gaffee Kaffee hat in Sachsen eine lange Tradition. Hier gab es Ende des 17. Jahrhunderts die ersten Coffeehäuser Deutschlands, wo ab 1706 der Kaffee in Tassen aus edlem Meissner Porzellan ausgeschenkt wurde. Das Besondere an den Tassen waren die Schwerter oder Blümchen auf dem Boden der Tassen. So erkannte man gleich, ob der Kaffee besonders dünn, eben „Bliehmschngaffee", war. Angeblich fehlte es den Soldaten während des Siebenjährigen Krieges (1756–1763) ohne ihren Kaffee an Elan – laut Legende sollen sie gesagt haben: „Ouhne Gaffee genn mior nich gämfn!" 1908 wurde die Filtertüte in Sachsen von „Melitta" (damals noch in Dresden) patentiert und erstmals hergestellt. Sehen Sie, wieder was gelernt. Herr Jauch, die Million ist mir sicher!

geddschn

Schmatzendes Kauen: Das gehört sich zwar ganz und gar nicht, ist dem Sachsen dennoch nicht fremd, da er – ganz der wahre Genießer – dem Essen eben auch angemessen Raum und Luft zur Entfaltung des vollen Geschmacks zukommen lassen muss.

Geschärre

Das „Geschärre" kann zwar das Geschirr am Pferd sein, meist handelt es sich ums gute Ess-„Geschärre". Wenn es nicht mehr modern ist, kann man es immer noch beim Polterabend „zordebborn".

geschwebbord

Ja, das kann schon passieren, wenn das „Scheelchn Heeßn" ä bissl zu voll ist, dann „gläggord un schwäbbord" man eben die Untertasse voll. Das schlürft sich dann so schön. Ganz ehrlich, es gibt Schlimmeres.

Gnoddschies

Es handelt sich, wie schon gefürchtet, um „Gnocchi". Richtig gesprochen: Njocki. Da Sachsen diese Spezialität bis 1989 kaum kannten, bitte ich um Nachsicht.

Gouhse, de

Das Leipziger Bier überhaupt. Zwar stammt es eigentlich aus Goslar im Harz, aber berühmt geworden ist die herrlich obergärige Gose eben in Leipzig. Ich empfehle allen Leipzig-Besuchern den Besuch in der Gosenschenke im „Bayerischen Bahnhof". Sie werden staunen, wie schön es ist, sich zu betrinken.

Griebsch
Das Kerngehäuse eines Apfels.

Guddln, de
Kutteln oder auch „Flegge" sind ein Gericht, das ganz oben auf meiner „Will ich nie wieder essen"-Liste steht. In Streifen geschnittene Innereien (Pansen) vom Rind, in einer säuerlichen Suppe angemacht. Äh, ja. Man sagt, das Gericht stamme ursprünglich aus Ostpreußen – dort hätte es auch bleiben können.

Gworggeilschn
Quarkkeulchen. Aus dem Vogtland kommt diese köstliche sächsische Süßspeise aus Quark, Mehl, Kartoffeln, Zucker und Eiern. Echte Genießer geben noch Rosinen dazu. In der Pfanne in Öl gebacken und mit Zucker oder Apfelmus serviert: „S'is ä Drauhm!"

Lärsche, de
Die Leipziger Lerche ist ein kleines Gebäck, das man in Rest-Deutschland als Makronentörtchen kennt: „Das is ä äschdes Leggerfärdsl!"

DOR SAGGSE SAACHD – DER SACHSE MEINT

Das Fleesch is dserrich.

Dieses Fleisch ist ungenießbar.

Äs Beffschdegg is galld.

Die Bulette ist nicht heiß.

De Briehe wär'sch ooch noch nundorschdärdsn.

Die Suppe werde ich auch zu mir nehmen.

Das is verlei ne Blämbe.

Der Kaffee ist dünn wie Wasser.

Jeds n scheen Damfriehm.

Ich nehme die Bockwurst.

Oah, sinn de Färs'sche saftsch!

Junge, sind die Pfirsiche aber saftig!

Hähre off midd geddschn.

Mach den Mund zu beim Essen.

Willsde noch ä Leggerfärdsl?

Wie wäre es mit einer Kleinigkeit?

Leggerfärdsl

Eine kleine Süßigkeit zum Naschen für zwischendurch.
Übergewichtige Menschen betonen gern: „Isch esse
doch nischd. Nuor abunnzu ä boahr Leggerfärdsl.
Awwor die machn doch ni digge!" Mmhja, eben doch.

Der Sohn zur Mutter: „Muddieh, heide hammor in
dor Deitsch-Schdunde gelernd, äs heesd nisch
Abbelgriebsch, sondorn Abbelgeheise!"
„Äscha! Isch dengge, iohr habbd Deidsch, dahderbei
lernd iohr nuor Fremdwärdor!"

Leibs'schor Allerlei

Das ist <u>die</u> National-Speise in Sachsen, die sich auch
international großer Beliebtheit erfreut. Dabei handelt
es sich bei diesem Eintopf-Gericht ursprünglich um ein
typisches „Arme-Leute-Essen". Mit anderen Worten:
Diese Suppe ist die Pizza der Sachsen *(Rezept S. 52)*.

Mouhn, ä Schdiggl

„Dor Mouhn", also der Mohnkuchen, erfreut sich
größter Beliebtheit. Meine Tante Frieda warnte mich
aber immer wieder: „Iss ni zu viel Mouhn, dear machd
bleede!" Woher sie das wusste, wird mir ewig ein Rätsel
bleiben.

Leipziger Allerlei

Zutaten:

30 g getrocknete Morcheln, 250 g Spargelköpfe,
250 g junge Möhren, ein halber Blumenkohl,
200 g Erbsen TK, 500 ml Fleischbrühe, 50 g Butter,
125 g Sahne, 30 g Krebsbutter, Salz, 1 Prise Zucker,
1 EL Mehl, weißer Pfeffer, Muskatnuss,
300 g gekochte Krebsschwänze

Morcheln ca. 1 Stunde einweichen, abgießen und
den Sud aufbewahren. Spargelköpfe, Möhren und
Blumenkohl waschen und in grobe Stücke schneiden.
Brühe mit 1 EL Butter, Salz und Zucker aufkochen.
Möhren dazu tun und ca. 5 Minuten garen. Blumenkohl und Spargelköpfe hinzufügen, 8 Minuten mit-
dünsten. Erbsen und Morcheln untermischen und
10 Minuten mitgaren. Gemüse abgießen und Brühe
auffangen. Mehl in restlicher Butter anschwitzen bis
es goldgelb wird. Unter Rühren die Brühe angießen
bis eine feine Soße entsteht. Morchelsud dazu geben,
Sahne und Krebsbutter einrühren. Gemüse und
Krebsschwänze dazu tun und in der Soße erwärmen.
Mit Salz, Pfeffer und Muskatnuss abschmecken.

nei wammsn

Schnell essen, schlingen. Man könnte auch sagen:
„nundor schdärdsn". Obwohl der Sachse eigentlich ein
Gemütsmensch ist, gehört er deswegen keineswegs zu
den Phlegmatikern. Und wenn es mal zeitlich etwas
knapp wird, dann muss man eben „ä weng" schneller
essen, also „hurtig seine Bemme nei wammsn."

Rähbschn, ä

Auch hierbei handelt es sich um eine echte Leipziger
Leckerei: Das Rähbschn ist eine mit Marzipan gefüllte
Dörrpflaume, die in Bierteig gewendet und anschlie-
ßend in heißem Öl ausgebacken wird. Wahrlich ein
Gedicht!

Ränftl, äs

Vom Brot bleibt oftmals das „Ränftl", der Kanten,
übrig. Klein, ausgetrocknet und gebogen wie eine
Schuhsohle. Also genau das, was kaum jemand essen
will. Meine Mutter behauptet bis heute steif und fest
„Da sinn de Viddamihne drin!" Ich glaube aber, das
ist ein Trick.

Ruhss

Hat nichts mit Schornsteinfegern zu tun, sondern
ist die Bezeichnung für hochprozentige alkoholische
Getränke wie Korn oder Whisky. Gern auch gleich

„ne Bulle Ruhss", dann hat man mehr davon. Kann ebenso als Geldersatz benutzt werden (*siehe „dor Schoddor", S. 104*).

Schdärdse
Der Topfdeckel ist beim Kochen unbedingt notwendig. Nicht nur zum Hitze-Regulieren, aber wie soll man denn sonst vernünftig die „Gardoffln" abgießen können?

Scheelchn Heeßn, ä
Kaffee, neudeutsch auch Cappuccino oder Latte. In Sachsen mag man es lieber bildlicher. Untrennbar von „dor säggs'schen Gemiedlichgeid".

schnorbsln
Das „Schnorbsln" gilt als eines der Fundamente der „säggs'schn Gemiedlichgeid". Denn schnabulieren, naschen oder eben schnorbseln kann man immer und überall.

Schdreiselschnegge
Für dieses Gebäck in Schneckenhausform lässt jeder normal veranlagte Sachse glattweg sogar seine Freundin stehen. „De sieße Schdreiselschnegge" wird aus Hefeteig gefertigt. „Dahdorsch griehmelds ni sou dolle". Ideal zum Frühstück im Bett. Mit Freundin.

Striezel

Weihnachts-Stollen, auch Christ-Stollen genannt. Ja, der Dresdner Stollen ist legendär, denn er ist der Beste der Welt. Ach, was sage ich, des Universums! Und deswegen kommt jeder Dresdner Stollen per Gesetz wirklich aus Dresden. Darauf können Sie sich verlassen. Genauso wie auf den einmaligen Geschmack.

Wärschdchn

So ein Würstchen ist nicht nur bei Kindern für „zwischendorsch" beliebt, sondern fast jederzeit das Richtige zum „Schnorbsln". Und außerdem geben dann „de Wännsdor" auch mal für einen Augenblick Ruhe. Und das ist ja auch mal ganz schön.

LIEBES-GEFLÜSTER

CRASHKURS

Schau Dir mal die hübsche Frau an.
Gugge ma, de Muddieh da driehm.

Sie hat schöne Brüste.
Oah, hadd die scheene Gnäbbe.

Ich würde dich gerne küssen.
Wolln wer ä bissl schnäbln?

Zu mir oder zu Dir?
Wassn nu? Gommsde jeds midd odor nisch?

Du bist die schönste Frau hier im Club.
Du Gobfgissnzerwühlor!

Gefällt dir meine Wohnung?
Un? Wie is meine Horns'sche?

Zieh dich aus!
Mach disch naggsch!

Ab ins Bett.
Gomm in meine Schniebsgisde.

Du machst mich ganz wild!
Du Dieschor!

Ich liebe deinen Popo.
De hasd n scheen' Bohbsor.

Ich bin total verliebt.
Sch'wer bleede vor Gligg.

Küss mich.
Gib mior ä Giss'schn.

bimmborn

Geschlechtsverkehr, ebenso „gnaddorn", „niehdn",
„gachln", „nahchln", „bobbn", „häggorn".

Bohbsor

Das Gesäß, möglich auch „dor Bobboh", „de fiehr
Buchschdahm" und „dor Bohdex".

Bullor, dor

Das männliche Geschlechtsorgan, ebenso „Schniebl",
„Biebhahn", „dor Brüschel", „de Nuhdl", „dor Lulli",
„de Feife" oder „dor Frauenverglabbsor".

Bummbe

Das Herz. Inniger auch „äs Härdsl". Wer verliebt oder
aufgeregt ist, sagt: „Da habbsch abor dischdsches
Härdsbubborn gehabbd!"

Bussierschdängl

Ein Mann, der mit Charme und Esprit Frauenherzen
zu erobern versteht, ist „ä Bussierschdängel" oder auch
„ä Sießhahn" reinsten Wassers.

Gobfgissndserwühlor, dor

Leidenschaftliche/r Liebhaber/in; In Sachsen wird
geliebt, dass sich die Betten biegen. Kein Wunder:
Sachsen ist voller Liebe und schöner Frauen. Nicht

umsonst sagt der alte Spruch: „In Sachsen, wo die schönen Mädchen auf den Bäumen wachsen."

Guggelschn, de
Die Äugelein. Oft benutzt bei Babies und Kleinkindern: „Biste miehde? De hasd so gleene Guggelschn!"

Das Diminutiv Der Sachse verkleinert mit großer Leidenschaft. Es ist eher das „Stigg'schen" als das Stück, öfter das „Mäus'schen" als die Maus, meist das „Jägg'schen", weniger die Jacke und auch die Augen werden so zu „Guggelschen". Selbst Dinge und Personen, die sich einer Verniedlichung entziehen, wie der Palast oder das Sterben, sind, ehe sie sich's versehen, ganz klein und nur noch ein „Baläsd'schen" oder „äs Schdärbschn".
Die Ursachen dafür sind nicht wissenschaftlich belegt, aber vielleicht im gemütlichen und versöhnlichen Charakter des Sachsen zu suchen. Dinge zu verkleinern ist erstens liebevoll und zweitens wirken kleine Dinge weniger bedrohlich. Sollte sich diese sächsische Eigenart bundesweit durchsetzen, dann wird selbst aus der nächsten schweren Wirtschaftskrise ein überschaubares „Gris'schen". Na bitte.

Horns'sche

Bude, alte Wohnung. Die „Horns'sche" ist kein Domestos gespülter Eispalast, der aseptisch clean ist und regelmäßig gereinigt wird, sondern ein Ort der Begegnung und der vollen Aschenbecher.

Madraddsenschdrolsch, dor

Sexuell sehr aktive Mitbürger – beiderlei Geschlechts. Lüstern und voller Neugier stürzt er sich ins Nachtleben und erforscht die Geheimnisse der Liebe.

Mäbbse

„Mäbbse" gehören nicht zur Gruppe der Haustiere resp. Hunde, die der wunderbare LORIOT so sehr liebte. „Mäbbse" werden von den männlichen Sachsen die Brüste der Frauen genannt. Sinnlichkeit pur.

Mägge

Üppige Haarpracht. Möglich ist auch „de Madde", „de Beidsche", „de Dsoddln", „de Lohdn" oder „dor Bällds". Wem so was wächst, der muss dringend zum „Gladdsn-Schorsch" (oder Friseur).

Mäggerzieche

Diese Frau wird allerorten verabscheut, denn sie meckert und schimpft ohne Pause. Deswegen gibt es für sie auch besonders viele Worte: „dä Schbienahd-

DOR SAGGSE SAACHD – DER SACHSE MEINT

Gommsde zu meinor Horns'sche?

Kommst du zu mir nach Hause?

Willsde meine Gärsche sein?

Möchtest du meine Freundin sein?

Wolln mor ä bissl zabbln?

Möchtest du tanzen?

De hasd hibbsche Guggelschn.

Du hast schöne Augen.

Mächdsde ooch ne Gouhla?

Willst du auch eine Cola?

Se nich so ungeneußsch.

Sei nicht so unleidlich.

Warum ziehsdn jeds ne Fläbbe?

Warum ziehst du so ein Gesicht?

Machs hibbsch.

Auf Wiedersehen.

wachdl", „äs Raddngewiddor", „ä Bähsn", „änne alde
Zimdzigge", „ä Graulwäddor" oder „ä Reiweisn".

Mördse, de
Die Freundin, möglich ist auch „de Gärsche", „de
Alde", „de Gähde", „de Uschi" oder auch „de Muddie".

Muddie, de
Die Mutter, gilt aber auch als Bezeichnung für die
Ehefrau oder die langjährige Freundin. Eine besonders
duldsam-devote Partnerin wird auch gern „de guhde
Muddi" genannt, auch möglich sind „Muddel", und
„Muddsch" (*siehe auch „dor Vahdi"*).

naggsch
Nackig, unbekleidet, also eben „naggsch"

Schniebsgisde, de
Der Sachse hegt fast schon heilige Gefühle für sein
Bett und hat viele Begriffe dafür, wie „'s Näsd", „de
Heijah", „dor Gahn", „de Falle", „de Floghgisde", „de
Furdsmulde", „de Glabbe" oder „de Buhbsmuhle".

Vahdi, dor
Normalerweise ein hart arbeitender Mann, der von
seiner „Muddi" treu umsorgt wird und den seine
„Wännsdor" heiß und innig lieben.

DONNERWETTER

CRASHKURS

Bitte beeile dich.
Mach ä bissl midd, wennde weesd, dass de langsam bisd.

Ich werde dir gleich helfen.
Isch mache glei ä bissl midd.

Schau mal, der Angeber da drüben.
Gugge ma, der Grohsgodds da.

Nun werde ich aber wütend.
Jeds wärre isch abor fuchs'sch.

Gleich gibt es eine Prügelei.
Jeds gibds Wammse.

Schau mal, der Idiot.
Gugge ma, die Schmudsprussd da.

Halt den Mund!
Machn Schachd ran!

Du verdammter Nichtsnutz!
Du ählender Vachabunnd, du!

Mach kein Gesicht.
Zieh genne Fläbbe.

Lass das Nörgeln.
Hähre off midd gähgn.

Du bist doch nicht ganz dicht.
Du hasd doch ä Drillor undorm Bonnieh.

Jetzt schlägt's aber Dreizehn.
Jeds wärd dor Hund in dor Fanne verriggd.

Jetzt ist mir alles egal.
Droff geschissn.

Affnhals

Steht für einen ziemlich unangenehmen Mitmenschen.
Wie man irgendwann auf den Vergleich mit den Affen-
hälsen gekommen ist, darüber streiten sich die Wissen-
schaftler bis heute.

Bädse

Wer kann schon eine Petze leiden? Niemand. Selbst der
so nachsichtige Sachse findet die „Bädse" doof. Und das
will schon was heißen. Deswegen: „Bädsn" ist nicht!

blähgn

Schreien oder plärren; wird meist den Kindern ange-
dichtet, die bei der kleinsten Unstimmigkeit laute Töne
des Missfallens von sich geben. Aber genauso schnell
wie der Kummer kommt, geht er wieder. Natürlich
können auch Frauen ziemlich heftig „blähgn", nur
bleibt der Kummer da wesentlich länger. Kann man
wohl nicht ändern.

Blebbs

Abkürzung, abgeleitet von Plebejer. Damit spricht man
abfällig vom ganz einfachen Volk sowohl in Aussehen
als auch Benehmen. Aber Vorsicht: Während Sie andere
Leute als „Blebbs" bezeichnen, machen wieder andere
das gleiche mit Ihnen. Man ist eben schneller „Blebbs"
als man denkt. Liegt wohl im Auge des Betrachters.

buchn

Hier ist die richtige Aussprache ausschlaggebend – im wahrsten Sinn des Wortes. Das „u" wird kurz gesprochen, das „ch" stark betont. Das sächsische „Buchn" ist eine brutale Auseinandersetzung unter Zuhilfenahme der Fäuste. Auch möglich „globbn" oder „haun". In manchen Ehen wird „de Muddi gebucht".

Mein Vater hatte in den 70ern ein Gespräch auf einer DDR-Polizeiwache, wo eine Reise zu seiner in Köln lebenden Mutter genehmigt werden sollte. Dabei ging es den Behörden auch darum, die sozialen Verhältnisse zu überprüfen. Wäre da Sand im Getriebe gewesen, hätten sie ihn nicht fahren lassen. Denn dann hätten sie ja damit rechnen müssen, dass mein Vater im Westen bleiben könnte, weil ihn dann nichts mehr im Osten halten würde. Und so sah der Polizist meinem Vater streng ins Auge und sagte: „Sache ma, mei Guhdor, buchsd du deine Alde manschema?"

Buffor, dor

Hochdeutsch: Puffer. Nicht das beliebte Kartoffelgericht, sondern die wenig schmeichelhafte Bezeichnung für einen minder bemittelten Zeitgenossen. Es bedeutet Blödmann, Trottel, Idiot oder hirnloser Vollpfosten;

ebenso gibt es „Dinnbreddbohror", „Dohleddendief-dauchor", „Gnusborgobb", „Brummoggse", „Dussldier" oder einfach „Hirnie".

Dämel

Dämlack, Trottel. Ein „Dämel" ist einfach ein Blöd-mann, wie er leider überall vorkommt. Gern auch bei Politikern und Polizisten angewendet.

Dreggschleidor

Nein, das ist nicht gut, wenn man nur Unwahres erzählt und sich im schlimmsten Fall noch überall mit einmischt. Damit macht man sich nur bei den Leuten beliebt, die ebenso solche „Dreggschleidorn" sind.

Drehdlfriddse

Ein lahmer Sack, ein Trödler der allerschlimmsten Sorte, der anscheinend glaubt, dass man seine Zeit im Lotto gewonnen hat. Immer muss man auf ihn warten, ständig kommt er zu spät. Wenn man ihn dann darauf anspricht, ist er entweder phlegmatisch gleichgültig oder total beleidigt. Sehr schwer zu ertragen.

Du Jagob!

Der „Jakob" gilt in Sachsen als schlicht gestricktes Wesen für den „Viagra" eine Stadt in Italien ist und „Niveau" eine Handcreme.

fimforn

Die totale Ablehnung wird so ausgedrückt: „De gannsd misch ma fimforn!" Es geht aber auch etwas drastischer: „De gannsd misch ma fedd läggn!"

Forbreschor

Ein kriminelles Subjekt, ein hundsgemeiner Verbrecher. Gemeint sind aber häufig auch Politiker, Rechtsanwälte und Beamte. Irgendwie logisch!

Froschgörbor

Das steht für einen Hänfling, bei dem das Fehlen jeglicher Muskelmasse Anlass zur Häme gibt. Als ob der es nicht schon schwer genug hätte.

fuchs'sch

Wenn sich der Sachse ärgert, kann er fuchsteufelswild werden, eben so richtig „fuchs'sch". Dann wird er zunehmend laut, ungezügelt und im Notfall sogar handgreiflich. Ein Naturschauspiel ersten Ranges. Unbedingt Abstand halten! Oder besser: Gar nicht erst einen Sachsen verärgern.

fuchdisch

Fuchtig werden ist die Vorstufe zu echter Wut. Wenn die Gemütsruhe des Sachsen gnadenlos überstrapaziert wird, ist Schluss mit lustig. Das kündigt sich an mit

den Worten: „Glei wärr isch fuchdisch, du Buffor!"
Wenn dieser Ansage kein Gehör geschenkt wird, dann
wird der Sachse „fuchd'sch".

Gamehl

Dieses Kamel ist zu dumm, einen Eimer Wasser zu
tragen. Eher trinkt es ihn aus. Mit solchen Leuten übt
der Sachse Nachsicht und so klingt das Wort nur halb
nach Schimpfen und mehr nach liebevollem Tadel.

> Fragt das Kind die Mutter: „Muddieh, wie schreibdn
> mor Banahne? Middn hardn B odor middn weichn B?"
> Sagt die Mutter: „Midd ä weichn B, du Gamehl!"

gähgn

Schimpfen oder schreien von unentspannten Kindern
oder Frauen gilt als uncool und ist allgemein unbeliebt,
weil es in Windeseile die ohnehin strapazierten Nerven
schreddert. „Machn Schachd ran un hähre off midd
gähgn!" (*siehe auch „Schnabbor dichd!" S. 84*).

Garussellbremsor, einarmischor

Ein beschränkter Zeitgenosse, der zu dumm ist, ein
Karussell zu stoppen und deswegen Gefahr läuft, seinen
Arm zu verlieren. Originelles Schimpfwort, wie?

DOR SAGGSE SAACHD – DER SACHSE MEINT

Legg misch fedd!	Leck mich am Arsch!
De gannsd misch greidsweise.	Du kannst mir den Buckel runterrutschen.
Hähre off midd gähgn.	Hör auf zu schreien.
Jeds wärr isch risch'dsch disch'dsch fuchd'sch!	Ich glaub, jetzt flippe ich gleich aus.
Du Dämlagg, du.	Du Idiot.
Isch gönnde misch sinnlos midd Schbageddi behängn.	Ich könnte durchdrehen vor Wut.
De bisd bleede wie ne Diehde Diehrglinggn.	Du bist so dumm wie eine Tüte Türklinken.
De hasd n Schuss nisch gehärd.	Du bist völlig durchgeknallt.

Gesischdsfümf

Steht für eine optische Benotung. Mit diesem Gesicht landet man bei der Schönheits-Wahl garantiert auf den hinteren Plätzen. Die Gesichtssechs gibt's nicht. So böse ist der Sachse dann doch nicht. Zum Glück.

globbn

Auch „buchn", „schlachn", „haun". Wer in eine Schlägerei gerät, „grichd Globbe" oder „dn Wannsd voll!" Auch Sachsen gehen „manschema" die Argumente aus.

Graf Gohgs

Dieser Adlige ist nicht von blauem Blut, sondern tut allerhöchstens so. Ein großspuriger Hochstapler, Möchtegern und Angeber. Glücklicherweise leicht zu entlarven, denn vom Erhabenen zum Lächerlichen ist es oft nur ein kleiner Koks, äh – Schritt.

Grohsgodds

Beim „Graf Gohgs" ist noch eine Spur Sympathie dabei. Der „Grohsgodds" ist die unerträgliche Steigerung. Weitere Bezeichnungen: „Binsl", „Glabbsgobb", „Glabbsrich", „Glabbsor", „Läggarsch".

gniedschn

„Gniedschn" ist ein sicheres Zeichen für schlechte Laune, und die mag der Sachse überhaupt nicht. Im

Gegenteil. Gerade wenn einem das Wasser bis zum Hals steht, sollte man nicht den Kopf hängen lassen. „Dor Saggse duhd nich gniedschn, dor Sachse singt ä Liedschn" (Jürgen Hart).

Die Weichen besiegen die Harten Im Sächsischen gilt die Regel „De Weichn besiehchn de Hardn". Das ist weniger ein politisches oder sportliches Bekenntnis als vielmehr ein eindeutiger Hinweis auf die Aussprache. Es existieren nämlich praktisch keine harten Konsonanten wie „P", „K", „T" und „X". Alles wird weich, zärtlich und entspannt ausgesprochen. Deshalb sind die am meisten benutzten Buchstaben „B", „D" und „G". Denn sächsisch ist kein brutaler Dialekt, sächslsch ist eben liebevoll. Das wirkt sich sogar auf jeden Besucher Sachsens aus. Schon kurze Zeit nach der Ankunft werden Sie merken, wie Ihre Ohren entspannen und eine heitere Gelassenheit Einzug hält. Das ist eben auch ein Verdienst dieser goldenen Regel. Wenn Sie die bei der Aussprache befolgen, werden sie im Zweifelsfalle immer alles richtig machen. Sicher gibt es auch hier Ausnahmen, aber sind die denn nicht dazu da, die Regel zu bestätigen?

Gnohdn, hässlicher
Die Physiognomie dieses Menschen ist selbst mit einer aufwändigen Schönheits-OP nicht mehr zu retten. Gilt im Grunde nur für Männer.

Grähbl
Ein Flegel, ein Kretin, eben ein richtiger Krepel, zu allem fähig, aber zu nichts zu gebrauchen.

halbor Hahn
Ein kleiner, schmächtiger Typ, den man leicht übersieht. So ein halber Hahn hat's sichtlich schwer. Und Frauen stehen auch nicht gerade auf solche Typen. Hart. (*Siehe auch „Froschgörbor", S. 73.*)

Hübbor
Eigentlich aus dem Armee-Jargon für neue junge Soldaten. Wird aber auch im Handwerker-Milieu eingesetzt für Lehrlinge. Denn die müssen ja auch immer „hubben", wenn der Meister ruft. Klingt wesentlich lustiger, als es ist. „Hübborjahre sinn ähmd geene Härrnjahre!"

Loarfe, de
Die Larve hat nichts mit Insekten zu tun, sondern meint lediglich die Bezeichnung eines mittelmäßig-hübschen Gesichts. Gilt für Männer und Frauen.

Loddrisch
Ein Lotterbube, der sein Leben genießt und dem Müßiggang nicht abgeneigt ist. Frauen werden in diesem Zusammenhang gern „heissor Fehschor" genannt. Das ist auf jeden Fall ein positives Attribut. Das komplette Gegenteil zum Spießer.

Luhdor
In erster Linie abwertende Bezeichnung einer Frau, kann aber auch durchaus einen lobenden Unterton haben, denn „so ä Luhdor gann ziemlich gläwor sein".

Luhdorbeen
Tritt das Luhdor in Einzelteilen auf wie als „Ludohrbeen", dann ist Hopfen und Malz verloren: So jemand ist selbstsüchtig, gemein und verschlagen. Wer ein „Ludohrbeen" zum Freund hat, braucht keine Feinde.

Luhmich
Ein Schlingel, Hallodri oder ausgebuffter Geselle genießt hier eine gewisse liebevolle Akzeptanz. Die gleiche kritische Wertschätzung schwingt in den Worten „Läuseräddsch" oder „Roddsläffl" mit.

Mährde
Wenn Sie jetzt auf das französische Wort „Merde" getippt haben, liegen Sie genau richtig. Glückwunsch!

Sie sind gebildet, weltoffen und phantasievoll. Aber wissen Sie auch, was das Wort bedeutet? Ja, genau.

Zwei Sachsen betrachten ein Auto, an dem das Kennzeichen GB für Great Britain steht.
„Weeste, was das heest?" „Gloar, das heest Geenichreich Bohln". „Ä, Gwaddsch midd Sousse, das heest Griminahlbollidsei!"

Mährlohb
Der „Mährlohb" ist ein langsamer Zeitgenosse, auf den alle warten müssen. Klingt poetisch-freundlich, ist es aber überhaupt nicht.

Mährmuhs
Einer, der immer was zu fummeln hat und ewig nicht aus dem Knick kommt, ist ein „Mährmuhs". Einer allein ist schon schwer zu ertragen, aber ein paar auf einem Haufen kosten Dich locker ein paar Jahre Deines Lebens (*Siehe auch „mährn", S.26.*)

Muggiehs
Wer man optisch kraftvoll wirken möchte, sollte seine „Muggiehs" in der „Muggieh-Buhde" stählen. Danach steht dann ein Besuch beim „Assi-Dohsdor" an (*siehe*

S. 92). Aber nicht übertreiben, sonst sehen Sie aus wie ein „Schdeggdohsn-Neeschor" (*siehe S. 84*).

Nieslbriehm

Ein „Nieselbriehm" ist eine verträumte oder leicht beschränkte Person mit einer ziemlich langen Leitung. (*siehe auch „Mährmuhs", S. 81*).

ningln

„Ningln" ist oft die Vorstufe zum „gähgn". Ein Ningler kann aber auch ein stiller unzufriedener Mensch sein, der eigentlich gar nicht so richtig weiß, warum er so schlechte Laune hat. Bis er das rausgekriegt hat, ninglt er unaufhörlich vor sich hin. Nicht schön.

Oufn

Meint sowohl die Heizung, ist aber auch das Synonym für „Vollidiot". Warum, weiß keiner. Klingt wohl gut und lässt sich leicht merken.

Raudieh

Diese Bezeichnung ist direkt aus dem Englischen eingesächselt. Der zumeist jugendliche Rowdy verhält sich in jeglicher Hinsicht asozial. Er tritt meist in Rudeln auf, denn allein ist er erstaunlich feige. Besser, man geht solchen „Raudiehs" aus dem Weg. Noch besser, man zeigt hier und da etwas Zivilcourage.

Schimpfen Der Sachse schimpft gern, doch es dient meist nur der liebevoll-strengen Zurechtweisung oder dem Stressabbau. Oft benutzt er alltägliche Dinge als Schimpfworte, wie etwa „Oufn" oder „Buffor". Selbst das auch anderenorts gebräuchliche „Gamehl" läuft in Sachsen zu nie gekannter Hochform auf. Das gewöhnliche Schimpfwort ist für den Sachsen keine Herausforderung. Er strebt nach Originalität: Unendlicher Erfindungsreichtum zeigt sich in Worten wie „Schmudsprussd", „Treggbeen" oder „Froschgörbor". Ganz zu schweigen vom „einarmischen Garussellbremsor". Das ist wahre Poesie.

Sagg-Gesischd
Definitiv keine schmeichelhafte Beschreibung des Gegenübers. Achtung: Wenn dieses Schimpfwort benutzt wird, sollte man lieber keine Widerworte mehr geben.

Sauhaggsch
Nein, hier gibt es weder Gnade, Verständnis noch Toleranz. Ein „Sauhaggsch" ist schlimmer als ein Schweinepriester – er ist ein krimineller und rücksichtsloser Mistkerl. Für diesen miesen Drecksack kennt der sonst so milde gestimmte Sachse nur Verachtung.

Schbruhds

Ein junger, zarter, noch unwissender, manchmal zu klein geratener Kollege, den niemand für voll nimmt. Wird auch für Lehrlinge angewendet, eigentlich für jeden Anfänger. Sprutz zu sein ist hart, aber eins ist sicher: Es geht irgendwann vorbei.

Schdeggdohsn-Neeschor, dor

Ein Mensch, dem man ansieht, dass er seine Körperbräune ausschließlich dem Solarium verdankt. Die bildhafte Sprache ist absolut typisch für das Sächsische.

Schlaffiddschn

Das ist der Nacken, an dem man gerne mal aus rein pädagogischen Gründen zur Räson gezogen wird. Möglich ist auch „as Genigge" oder „dor Ganndhagn".

Schmudsprussd

Ungepflegter Mensch, der durch sein egoistisches Wesen auffällt.Seltsamerweise bezeichnen sich „Schmudsprüssde" auch untereinander so. Ein Zeichen der Selbsterkenntnis? (*auch „Affnhals", S. 70.*)

Schnabbor dichd!

Sächsische Variante zum englischen „Shut Up!" Ebenso gilt „Schachd ran!" Klingt allemal besser als ein hartes „Schnauze!" Ist aber genauso ernst gemeint.

Subbe, arme

Nein, dieser Begriff steht auf keiner Speisekarte. Er steht vielmehr für eine bedauernswerte Person, einen ausgesprochenen Pechvogel.

„Schmudsprussd" ist ein sehr schönes Beispiel für die Ausnahmen bei der sächsischen Aussprache. Denn die normale „De Weichn besiehchn de Hardn"-Regel greift hier nicht. Die übermächtige Abscheu vor dem bezeichneten Widerling veranlasst den Sachsen dazu, ein hartes „P" zu benutzen. Das gilt ganz genauso auch beim „Treggbeen".

Treggbeen

Abfällige Bemerkung über einen miesen Zeitgenossen. In der Hitliste sächsischer Schimpfwörter steht dieses Wort ganz oben. Denn es offenbart die unmissverständliche Abscheu auf wundervoll poetische Art.

Vachabunnt, dor

Das leicht altmodische Schmimpfwort bezeichnet einen leichtsinnigen, arbeitsscheuen Menschen, der auf Kosten anderer in den Tag hinein lebt. Das Gleiche meint „Haloudri", „Duhnichguhd" oder „Barahsiehd".

Vouchl, dor

Sowohl der ornithologische Sammelbegriff als auch die abwertende Geringschätzung eines Fremden: „Wassn das für ä Vouchl?" Der „schräsche Vouchl" ist ziemlich suspekt. Ganz schlimm aber ist der „miese Vouchl" – der ist einfach nur mies!

SÄCHSISCHES ALLERLEI

CRASHKURS

Die Dummen haben immer Glück.
Dumm hadd Schwein.

Ein Gast ist beliebt, wenn er geht.
Ä Gasd is gärn gesähn wenn mor sein Orsch siehd.

Das macht keinen Unterschied.
Gehubbd wie geschbrungn.

Ist der Gastgeber fröhlich, so sind es auch die Gäste.
Wennde als Gasdgäbor geene Fläbbe ziehsd, da feixn ooch de Gäsde.

Was nützt alle Weisheit, wenn die Dummheit regiert.
Was gannch midd meinor Schlauheed anfangn, wenn ieborall de Doofn regiern.

Es gibt Schlimmeres im Leben.
Des is äm Gummor sei Gleensdor.

Eine unattraktive Frau ist wirksamer als ein Zaun.
Änne hässliche Alde is dor bässde Zaun um dn Gardn.

Auch wenn wir alt werden, bleiben wir uns treu.
Und schlähchd dor Arsch ooch Falldn, mior bleibn doch die Alldn.

Je erfolgreicher Du bist, umso größere Probleme hast du.
Je greeßor dor Gobb, umso greeßor de Gobbschmerzn.

Kleine Dinge erledigen sich schnell.
Ä gleenor Arsch is schnell geleggd.

Geh nur zum Chef, wenn Du musst.
Geh nich zu dein' Ferscht, wenn de nich gerufen werscht!

Asche, de

Meint das Militär oder auch die ehemalige DDR-Armee NVA. Da hört man schon an der Bezeichnung, wie beliebt der Dienst an der Waffe war. Möglich ist auch „de Fahne". Manchmal steht es auch als Synonym für Geld: „Gomm, Aldor, reisch de Asche riebor!" (*Siehe auch „Schoddor", S. 104.*)

Assi-Dohsdr

Bräunungs-Studio oder Solarium, die vorverurteilende Abfälligkeit ist noch vom Mond aus zu erkennen – nicht ganz zu Unrecht (*siehe auch „Schdeggdohsen-Neeschor", S.84*).

In der Leipziger Straßenbahn klingelt der Fahrer ohne Pause. Genervt fragt ein Fahrgast „Was glingelsde denn? Es is doch gor gehnor da". Da sagt der Fahrer: „Das weeß isch! Abor mir grabbld de Schuh-Souhle."

Biggse

Zuerst einmal natürlich ein Behältnis, eine Büchse eben. Manche, natürlich männliche Sachsen bezeichnen damit aber Frauen oder speziell das weibliche Geschlechtsorgan. Äußerst fragwürdig und typisch „Blebbs".

Bläddbredd

Alte sächsische Bezeichnung für das Bügelbrett. Steht auch für flachbrüstige Frauen. Gemein! Dabei kann auch an flachen Küsten ein starker Sturmwind wehen, oder?

Bonbon

Neinnein, den kann man nicht lutschen, gemeint ist nämlich das Parteiabzeichen (der SED) am Revers.

Bordganndnlahdschor

Dieser Streifenpolizist wird niemals wie Sherlock Holmes knifflige Fälle lösen. Er ist und bleibt eben nur ein Bordkantenlatscher, der Radfahrer anhält und verwarnt, die keine Luftpumpe dabei haben. Muss ja auch jemand machen.

Essor Hubbdich

Ein aufgeregt lärmendes zweirädriges und zweitaktiges Fortbewegungsmittel aus DDR-Zeiten. Auch bekannt unter der Typbezeichnung „Simson SR 2". Nachsichtige Leute nennen so was ein Moped. Aber immerhin: Man kam von A nach B und wieder zurück – irgendwie.

Eleggdrische, de

Oder auch „de Bimmel" ist einfach die Straßenbahn, der Nahverkehrsfavorit in Leipzig, Dresden, Chemnitz und Zwickau. Der Sachse liebt seine Bimmel, da lässt sich das „Gemiedliche" so schön mit dem Nützlichen verbinden: „Eleggdrische" fahren beruhigt, schont die Umwelt und ans Ziel kommt man auch.

einsaggn
Oder auch „einholn" heißt woanders schlicht einkaufen. Beim „einsaggn" ist auch das hektische Hamstern gemeint. Zu DDR-Zeiten musste man das eben beherrschen, das Einsacken. Im Klartext: Man muss kaufen, wenn man's kriegt und nicht, wenn man's braucht.

Essngehror
Oder auch „Feierriehbl", Hochdeutsch: Der Feuer-Rüpel ist wie der Essenkehrer ein Schornsteinfeger. Hatten wir beim Feierriehbl schon ...

faggn
Achtung: Dieses Wort ist nicht englischen Ursprungs oder kommt aus dem Gossenjargon der Hip-Hop-Szene. „Faggn" oder auch „fefforn" meint werfen, schleudern oder kraftvoll hinschmeißen. Dabei ist es möglich, verschiedenste Dinge in die Ecke zu „faggn". Sogar sich selbst kann man so schwungvoll ins Bett befördern. „Da habbsch misch in mei Näsd gefaggd!"

Flahdschn

So ein großer Fleck auf dem Hemd kann schon hässlich sein. Manche nähen sich auch große „Flahdschn" als Ellenbogen-Schoner aus Leder auf den Pullover. Beide Varianten gehören nicht zur Kategorie „Hip & Cool".

Berühmte Sachsen Die Liste berühmter Sachsen ist lang. Der große Johann Sebastian Bach ist zwar in Thüringen geboren und aufgewachsen, zum großen Komponisten wurde er aber erst in Sachsen. Karl May musste seine sächsische Heimat nie verlassen, um uns den Wilden Westen nahe zu bringen. Dass August der Starke nur in Sachsen dermaßen zu der Hochform auflaufen konnte, um 354 Nachkommen zu zeugen, mag ein Gerücht sein – die Zahlen sprechen allerdings für sich. Dass der erste große Bond-Bösewicht namens Goldfinger durch den Sachsen Gert Fröbe gespielt wurde, konnte man mit geübten Ohren nicht überhören. Und auch das „schönste Gesicht des Sozialismus'", Kati Witt, ist aus Sachsen. Genau wie Walter Ulbricht, auf den wir allerdings nicht so stolz sind. Aber: Erich Honecker, den uns ja so einige in die Schuhe schieben wollen, ist Saarländer, damit das ein für allemal klar ist.

DOR SAGGSE SAACHD – DER SACHSE MEINT

Des is ä Kruuschd.

Das ist billiger Kram.

Ä bleedes Vieh.

Ein selten dämlicher Mensch.

Selber assen macht fett!

Jetzt bin ich dran!

Deor machdn Harddn.

Der spielt den Starken.

Mach dir nur keen Flegg ins Hemde!

Stell dich bloß nicht so an!

Der hot mir mit'n Zaunsteggen gewinkt.

Der hat mir mit Schlägen gedroht.

'Sch gehe ma de Gardoffln abgieesn.

Ich muss mal auf die Toilette

Deor duhds'sch nuor schähdschn.

Damit schädigt er nur sich selbst.

Mach geene Mährde.

Mach keinen Quatsch.

Fläbbn

Der „Fläbbn" hat nichts mit der „Fläbbe" zu tun. „Der Fläbbn" ist der Führerschein. „Fohr ni wie ne gesängte Sau, sonsd issor wegg, der Fläbbn." Manchmal meint der „Fläbbn" auch den Personalausweis.

Flieschor

Die sanft einlullende Variante der Kurzform für Flugzeug. Macht es das In-drangvoller-Enge-stundenlang-eingeklemmt-Sitzen auf dem Weg in den Urlaub nicht gleich viel heimeliger? Man kann damit aber auch den Piloten meinen: „Flieschor, grieß m'r de Sonne ..."

Funnsl

Die Funzel ist eine kleine Öllampe, die auf der Veranda oder im Keller überaus hilfreich ist. Heute nimmt man zumeist eine Taschenlampe. Unromantisch, aber wenn die runterfällt, ist es ungefährlich.

Füddsnhubber

Ein Pfützenhüpfer ist kein Frosch, sondern ein klappriges Fahrrad oder ein altes Moped – weniger ein Fahrzeug, mehr eine Gehhilfe. Aber besser als nichts.

gacheln

Wird im Heimwerker-Bereich benutzt, aber auch von jungen Leuten, die gern schnell fahren: „Da binnsch dorsch de Schdrahssn gegachld". Außerdem ist es eins der zahlreichen Synonyme für Sex, allerdings ein überaus unromantisches (*siehe „bimmborn", S. 60*).

Ein Fahrgast fragt den Busfahrer: „Sachsema, fahrn sie nach Gödschnbrouhda?" „Nee, da gommer grahde her!" „Siehsde, da binn'sch doch risch'dsch eingeschdiehschn!"

Gallg-Leisde

Wenn man das Hemd nur selten wechselt, sammelt sich am Kragen Schmutz. Das sieht nicht gut aus. Leute, die eine „Gallg-Leisde" haben, verraten mangelnde Hygiene und kommen nicht nur bei der sächsischen Damenwelt nicht gut an. Wenn schon der Hals verdreckt ist, wie sieht dann der Rest aus?

Gelummbe

Oder auch „Zeich" haben manche Sachsen reichlich. Was das ist? Alles Mögliche, von ganz nützlich über hübsch bis zum absoluten Staubfänger. Wenn man zu viel „Gelummbe" hat, von dem man sich nicht trennen kann, dann ist man möglicherweise ein Messie und sollte sich Hilfe holen. Manchmal reicht auch schon die Müllabfuhr.

de Stube is gewissn

Diese Formulierung hat nichts mit Moral zu tun. Sie ist viel profaner und meint nur „Das Zimmer wurde gestrichen (geweißt).“

Glabbsmiehle, de

Ort zur Unterbringung für mental instabile Menschen. Oft verwendet im privaten Bereich: „De gehärsd doch innde Glabbsmiehle!“

Gnäbbe, de

Natürlich: die Knöpfe. Aber auch die Brustwarzen – insbesondere die weiblichen. Ebenso die Augen. Oder auch eine Horde Kinder und Kleinwüchsiger: „Guggemada, die gleen' Gnäbbe!“

Gwadrahdlahdschn

Diese Füße sind so gewaltig groß, das es schwer ist, dafür in normalen Schuhgeschäften fündig zu werden. Möglich ist auch die nettere Variante: „de Gwanndn“.

gwardsn

Mittlerweile muss man ja einen Ausflug auf den Balkon bzw. vor die Tür machen, wenn die Frage fällt: „Gommsde midd eene gwardsn?“ Ja, der eine oder andere raucht eben doch noch, allen Preisexplosionen und Anfeindungen zum Trotz.

Gworgmaugn, de

Nicht unbedingt gut riechende Füße, auch „de Gähse-lahdschn" oder „de Schweeßbemm".

hinsoggn

Auch „hinsebbln" – auf Hochdeutsch: hinrennen. Dazu muss man kein Sprinter sein. Es reicht schon, wenn man die Gehgeschwindigkeit etwas erhöht und in sanftem Zuckeltrab zum Ziel strebt: Eile mit Weile.

Kruuschd

Nutzloser Krempel oder Müll, der nur Platz weg-nimmt. Sollte auf keinen Fall überhand nehmen. Schließlich soll der Besuch sich doch wohl fühlen.

lawehde

Instabil, wacklig. Nach Meinung von Linguisten zählt lawehde zu den bedrohten sächsischen Worten. Deshalb sollte man es bei jeder sich bietenden Gelegenheit ver-wenden. Sprich das bedrohte Wort, so lange es geht, wenn's erst verschwunden ist, ist es zu spät.

muddln

Auch „rummuddln" beschreibt wie „mährn" eine ge-mütliche, langsame Beschäftigung ohne bestimmtes Ziel. Sinnlos, aber sehr entspannend. Deswegen sollte man unbedingt regelmäßig „ä wänich muddln".

nein fefforn

Ähnlich dem „Faggn" ist es eine Variante für schwung-
volles Hineinwerfen oder Schleudern. Macht Spaß und
baut Stress ab. In jedem Manne (und durchaus auch in
jeder Frau) ist ein Kind versteckt, das will „nein fefforn".

Das Ä am Ende Vahdi-äääää! Muddi-äääää! Ja, wir sind
in Sachsen. Hier wird gern ans Ende eines Wortes ein
„ä" angehängt, quasi als akustisches Ausrufezeichen.
Die Intensität variiert nach Bedarf. Während beim
flehend-fordernden Ruf nach den Eltern dieses -äää
ein gutes Stück länger sein darf als das Wort an sich,
fällt es an anderer Stelle überraschend kurz aus: etwa
beim scharfen Befehl „Düren zumochen-ä!" oder auch
bei der nörgelig-aggressiven Frage „Wasdn-ä?" Im
ersten Moment mag dieser Anhang überflüssig er-
scheinen, doch er transportiert soviel Emotion und
massenhaft Subtext, so dass man nicht mehr davon
lassen will. Hohes Suchtpotential! Also, Vorsicht!

Muhdsl

Staubflocke, Fussel. Der Alptraum jeder Hausfrau. Das
gleiche Wort steht auch für Schneeflocken: Im Winter
1979, als enormer Schneefall weite Teile des Landes

lahm legte, nannten die Sachsen den eisigen Nieder-
schlag „de Gadasdrohfn-Muhdsl". Und wieder war eine
Katastrophe klangvoll entschärft ...

Rahdscho
Es hat zwar nicht mehr den Stellenwert wie vor
40 Jahren, aber der Sachse hört immer noch gern
Radio. Das „Rahdscho", auch liebevoll als „Goffer-
heule" diffamiert, dudelt Musik jeglicher Art und
informiert über Staus, Politik und andere wissens-
werte Ärgernisse.

rumguddschn
Der Sachse reist gern und „guddschd" unentwegt
durch die Welt – in alle vier Himmelsrichtungen und
über alle sieben Meere. Kein Ziel ist zu heiß, zu kalt
und schon gar nicht zu weit. Wie sagte einst schon
Otto Reutter: „Ein Sachse ist immer dabei."

Redewendung
Mir Sachsen, mir sin helle,
mir drinken aus dr Quelle,
die andern, die sind dumm,
die latschen drinne rum.

Schmieche
Der Gliedermaßstab bzw. Zollstock ist für den Handwerker unverzichtbar.

Schdreischbeen
Liebevolle Bezeichnung für ein Streichholz. Ein Schulfreund beschrieb sein Faschingskostüm so: „Da geh isch naggsch, rouhd wärre isch von alleene!"

Roddsfahne
Ein ziemlich benutztes Taschentuch, unbedingt aus Stoff. Eklig – ja. Ein Relikt aus dem letzten Jahrhundert, schließlich sind Taschentücher heute ja meist aus Papier. Und eignen sich daher nicht als „Roddsfahne".

Schegge
Wenn der Sachse einen auffordert: „Bagge deine Schegge!", so meint er eine Tasche bzw. die Dinge, die man z. B. für einen Ausflug benötigt, zum „Rumgudddschn" eben. (*Siehe auch „Habschn-Bahbschn", S. 23.*)

Schoddor
Das schnöde Geld. Der Sachse hat jede Menge Begriffe dafür, wie „dor Giehs", „de Mäuse", „der Gnaddor", „de Binunnsn", „de Asche" oder „de Gnehde". Bloß nicht so wichtig nehmen, das verdammte Geld.

Spitznamen Der Sachse neigt dazu, großzügig Spitznamen zu verteilen. Dabei stehen Äußerlichkeiten im Vordergrund wie Körpergröße bzw. -form: Langor, Großor, Gleener, Gurzor, Diggor, Schmalor. Auch Haarfarben und -längen: Schwarzor, Blondor, Longhaarichor, Logge – wobei letzteres gern für Menschen ohne Haare verwendet wird. Spaß muss schließlich sein. Daneben gibt es Sammelbegriffe wie den universell einsetzbaren „Schbordsfreund" oder die liebevoll geäußerte „Sieße", der „Hose" (ja, das Tier!) oder auch der „Schnuggel". Hat man erst mal so einen Spitznamen, ist das die erste und wichtigste Stufe der Anerkennung und Eingemeindung.

vorrichdn

Der Sachse ist erklärter Hobby-Handwerker. Das „Vorrichdn" ist das Einrichten und Renovieren der heimischen Bleibe. Von der Raufasertapete bis zum Wintergarten – es ist eigentlich immer was zu tun. Und das mit der typisch sächsischen Leidenschaft und Gründlichkeit. Wenn man dann irgendwann mal fertig ist, fängt man einfach wieder von vorne an.

SÄCHSISCH FÜR FORT-GESCHRITTENE

CRASHKURS

Bitte lass das Träumen.
Hähre off midd Deehsn.

Ich habe Bauchschmerzen.
'Sch habbe Wannsdrammln.

Das ist Müll.
Sou ein Moousch.

Puh, ist das stickig hier.
Oah, is das ne Dämmse.

Kommst du mit in die Disco?
Gehn mor in de Zabbelbuhde?

Wann fährt die nächste Strassenbahn?
Wenn gehdn de Eleggdrische?

Wer hat als letzter beim Skat die Karten verteilt?
Wer gabn?

Am Samstag gehe ich zum Thomaner-Chor und lausche der Motette.
'Sch gehe in de Modedde.

Da musst Du mal reinschauen.
Da mussde ma nein illorn.

Der Mann hat keine Muskeln, der ist schwach.
Der Gerl hadd geeene Muggiehs, der is labbsch.

Hier, mein Junge, sind Bonbons.
Hior, mei gleenor Silborseggsor, sinn ä bahr Schnongse für disch.

anhibbschn

Wer zu einer Party geht, macht sich „hibbsch". Obwohl in Sachsen die schönen Mädchen auf den Bäumen wachsen, kann es nicht schaden, ein wenig nachzuhelfen. Gut „angehibbschd" ist halb gewonnen.

anscheuseln

Verkleiden, ankleiden. Dieser Begriff hat einen bösartigen Unterton. Denn Verkleiden hat nichts mit „anhibbschn" zu tun, sondern ist Vortäuschen falscher Tatsachen. Wer wacht schon gern am nächsten Morgen neben einer Mogelpackung auf?

bullgsn

Schwere Arbeit wird in Sachsen „Bullgsn" genannt. Weil es anstrengend und schweißtreibend ist.

buts'sch

Putzig oder niedlich, süß, liebenswert und witzig im besten Sinne. Da ist man doch gerne buts'sch, auch wenn man aus dem Alter raus ist, wo man niedlich sein möchte. Besonders als Mann.

Dämmse

Auch „dc Bullnhidse". Hat fast tropische Ausmaße mit hoher Luftfeuchtigkeit. Am besten viel trinken, wenig bewegen und nichts tun.

Deechaffe

Der „Teigaffe" ist die originelle, wenn auch wenig schmeichelhafte Bezeichnung für den Bäcker. Andere Bezeichnungen: „dor Deechwammsor", „Fannguchnmongdeer" oder „dor Semmldechniggor" Nichtsdestotrotz liebt der Sachse seine Teigaffen bzw. Bäcker.

Was sagt ein Sachse in New York, wenn er einen Tannenbaum kaufen will?
„Ätännschn, bliehs!"

deehsn

Dösen, träumen, unaufmerksam sein; Wer döst, macht sich nicht immer Freunde in Sachsen. „Hehre off midd Deehsn!" ist die unmissverständliche Aufforderung zur Mitarbeit, die man nicht ignorieren sollte.

dieschorn

Hier wird sehr sinnlich und umgangssprachlich veranschaulicht, wie es sich für den Sachsen anfühlt, wenn er schnell einen Berg besteigt: „Da simmor n Bärsch noff gedieschord!" Dass der Sachse dabei den König des Dschungels, den „Dieschor" bzw. den Tiger bemüht, zeigt sein gesundes Selbstbewusstsein. Warum wenig, wenn's auch viel sein kann?

diggschn

Wer „diggschd", der schmollt. Eigentlich dürfen das nur Kinder und junge Frauen, neuerdings üben es aber auch Politiker. Kann für die nähere Umgebung extrem anstrengend sein. Kinder kriegen irgendwann eins hinter die Ohren, junge Frauen werden scharf zurechtgewiesen, aber was macht man mit den Politikern?

Dinnfiff

Oder „floddor Oddoh", beschreibt den Durchfall. Äußerst unangenehm, besonders auf Reisen, wo doch der Sachse so gerne „rumguddschd".

Donnerliddschn

Bedeutet soviel wie „Donnerwetter" – ein Ausdruck großen Erstaunens. Sollte sparsam eingesetzt werden, um die Wirksamkeit nicht zu verwässern.

Fehds

Auch „Geigl"; Bezeichnet eine fröhliche Runde, große Party oder riesige Gaudi. Da der Sachse gerne feiert und grundsätzlich gastfreundlich ist, freut er sich über jede Gelegenheit zum „Fehds".

Gang'gor

Ein „Gang'gor" ist kein Mitglied einer kriminellen Vereinigung, sondern eine Spinne namens Weberknecht, die sich durch ihre langen Beine auszeichnet und bei manch eigentlich emanzipierter Frau Schreikrämpfe auslöst.

Giggorliese, änne

Diese Frau lacht immer und überall. Sie „giggord" ständig. Zwar wird Humor in Sachsen groß geschrieben, aber dauerndes „Giggorn" geht ganz schön „offn Gehgs". Merke: Lachen ist gesund, „giggorn" nervig.

Gingorliddzschn

Die Kinkerlitzchen oder auch Kleinigkeiten sind oft das Salz in der Suppe des Lebens. Das weiß der Sachse – er duldet und pflegt sie deswegen. Es kommt im Leben eben häufig auf die Details an. Man kann das Wort natürlich auch abfällig und mahnend verwenden: „Was hasd'n du da schoun widder für Gingorliddzschn??"

Gnäggorschn

Wer Urlaub hat und abends am Strand sitzt, genießt ein lodernd-knackendes Lagerfeuer. Leider verfügt Sachsen über wenig Strand. Glücklicherweise geht's auch ohne, so „ä scheenes Gnäggorschn".

Goofmisch

Schlicht und einfach ein Kaufmann, Händler oder Verkäufer. Das Wort stammt aus der guten alten Zeit,

DOR SAGGSE SAACHD – DER SACHSE MEINT

Hasde dei Habschn-Bahbschn?	Hast du auch nichts vergessen?
Hehre off midd Geigln.	Lass das Blödeln.
Wer keene Sorchen hat, macht sich welche.	Dir geht's doch viel zu gut!
Wie's kommt, werd's gefressen!	Man muss es nehmen, wie es kommt!
Iiieehh! Ä Gang'gor.	Hilfe! Eine Spinne.
Mussde immer diggschn?	Kannst du auch mal nicht übellaunig sein?
Isch bagge meine Schegge.	Ich packe meine Sachen.
Isch gloobe, deor machd sei Schdärbschn.	Ich denke, er stirbt jetzt.

als man auf Märkten seine Ware anpries: „Leide, goofd das Dseich!" Leider verdrängt die Shopping Mall das schöne Wörtchen „Goofmisch".

Gorl-Morgs-Schdodd

Die Stadt Chemnitz hieß zu DDR-Zeiten Karl-Marx-Stadt. Darauf konnte auch nur die DDR kommen.

gouhmisch

„Nu, däs is aber gouhmisch" – ob lustig, seltsam oder eher bedenklich – das Wort passt immer. Es kann sogar streng sein: „Nu währe ma nisch gouhmisch!" macht klipp und klar, dass jetzt ein anderes Benehmen angesagt ist. Bei Unwohlsein klagt es sich schön unspezifisch mit „Mir is ä bissl gouhmisch ...". Das liegt bestimmt am Essen, „das schmeggde sou gouhmisch!"

Gombleggdeschachd

Bezeichnung aus dem NVA-Milieu für Mund. Die „Gombleggde" (Komplekte) waren bei der Nationalen Volksarmee die Notrationen für den Ernstfall: fürchterliche Kekse, schlechte Schokolade und andere kaum genießbare Dinge. Gottlob gab es nie einen Ernstfall.

Grieche

Hier haben wir es mit einem Wort zu tun, dessen Bedeutung viele Interpretationsmöglichkeiten hat.

Natürlich steht es für die Einwohner Griechenlands;
oft meint es aber auch Krüge, aus denen man Wein
einschenkt oder Bier trinkt – „de Grieche". Der Soldat
kommt heim aus „dem Grieche"; nicht schön ist's,
muss vorm Chef „griechn". Die Polizei freut sich,
wenn sie den „Forbreschor griecht".

Historiker rätseln immer noch, wie aus Chemnitz
Karl-Marx-Stadt wurde. Karl Marx ist nie in Chemnitz
gewesen, noch hatte er sonst einen geschichtlichen
oder privaten Bezug zu dieser Stadt. Die Sachsen
hatten ihre liebe Not, den neuen Namen verständlich
auszusprechen – Karl-Marx-Stadt wurde die „Stadt
mit den 3 O". Dazu kam der Kopf von Karl Marx als
äußerst hässliche, überdimensional große, schwarze
Steinskulptur, die das Zentrum der Stadt bis heute
(verun)ziert. Weshalb die Chemnitzer der Straße den
Namen „de Nischl-Allee" verpassten (*siehe S. 120*).

Guddlmuddl

Unordnung oder Durcheinander kommen tatsächlich
auch in Sachsen vor. Ein bisschen Kuddelmuddel ist
„gemiehdlich", größeres „Guddlmuddl" sollte man
aber dringend aufräumen.

Gunks

Stoß oder Schubser. Der sprichwörtliche Bums, der Wunder bewirkt. Manch „Mährmuhs" wurde dadurch gerettet und zum wertvollen Mitglied der Gesellschaft.

illorn

Auch „schmuhln" ist das heimliche Schauen durch Ritzen, Schlüssellöcher oder um die Ecke. Der sächsische James Bond „illort". Man „illort" auch, wenn man mit zugekniffenen Augen in die Sonne schaut.

innewänndsch

Inwendig würde man auf Hochdeutsch sagen. Aber das ist viel zu langweilig. 08/15-Formulierungen sind nichts für Sachsen. Das haben Sie längst gemerkt.

labbsch

Ein Stück Pappe ist „labbsch", also nicht wirklich standfest. „Labbsch" kann auch der männliche Sachse sein, dessen mangelnde Körperkraft Spott herausfordert. Mit dem Satz „Deor is doch labbsch!" kann man sich im Notfall auch selbst Mut zureden, wenn das Gegenüber mit schlagenden Argumenten droht.

rammdeeßsch

Rammdösig kann man von vielerlei werden: wenn einen jemand andauernd zutextet „De machsd eenen gands rammdeßsch mit dein' Gesabbel!", wenn es zu heiß ist, wenn man wenig geschlafen hat oder einem schlicht alles zuviel wird. „Rammdeßsch" bezeichnet einen verwirrten Zustand, in dem man nicht einen klaren Gedanken fassen kann.

rummgähsn

Dumm labern, sabbeln, daherreden, den reinsten Käse erzählen. Ebenso anstrengend wie sinnlos, passiert es leider viel zu häufig, dass irgendjemand „rummgähsd".

Sässlbuhbsor

Ja, mit den Beamten ist das so eine Sache. Der Sachse mag sie nicht, diese „Sässlforzor", „Baragrafenreidor" und „Bierouhängsde", die nur dazu da sind, einem das ohnehin schon schwere Leben zu verkomplizieren.

mäffn

Dinge und Personen können „mäffn". Dann riechen sie streng bis unerträglich: Von bestimmten Käsesorten über Kläranlagen bis zu notorisch ungepflegten Mitmenschen. „Fui Deifl! Deor mäffd abor gemeene!"

Mässemännschn

Das berühmte Maskottchen der Leipziger Messe. Bösartige Menschen nennen eine zweite Bedeutung: Zu DDR-Zeiten wurden während der Messe aus so manchen anständigen Leipziger Frauen Amateur-Prostituierte, die ihre Liebesdienste für harte Währung anboten. Nicht selten gab es Nachwuchs, den die Leipziger liebevoll-spöttisch „Mässemänschn" nannten.

> „Babbah, warum heissdn die Ohbor ‚Dannheisor'?"
> „Na, weil dor Sängor danach heisr is, wennor den ‚Dannheisor' gesungen hat!"

Nischl-Allee

Das Karl-Marx-Denkmal in Chemnitz ist so groß und klobig, dass die Karl-Marx-Städter der ganzen Straße drumrum diesen Spitznamen verpassten. Wer diesen Ausfluss sowjetischer Kunst-Produktion gesehen hat, begreift, wie elegant-zurückhaltend die einheimische Bevölkerung ihre Kritik formulierte: „So ä Nischl!"

Nuhdl, buts'sche

Hier ist keineswegs ein italienisches Pastagericht gemeint, sondern ein ulkiger Mensch (*siehe auch „buts'sch", S. 110*).

Nuguggemada

Verblüffter Ausruf, der soviel bedeutet wie: „Na so was!" Treffender und lebensbejahender kann man großes

Staunen nicht zum Ausdruck bringen. Sowohl gemurmelt als auch laut herausgeplautzt. Wenn der Sachse verblüfft ist, steht er dazu. Ohne Wenn und Aber.

Schdeggdohsngassbor

Ja! Nicht immer neigt der Sachse zu Respekt und Würde. Einen Elektriker so zu bezeichnen, ist zwar lustig, kommt aber beim so Bezeichneten nicht gut an. Woher der Spott für diese Berufsgruppe kommt, ist nicht bekannt.

Schdoob

Staub ist, wie der kundige Linguist längst richtig übersetzt hat, nicht das, was er scheint. „Schdoob" ist das Trinkgeld, das Kellner, Taxifahrer und Möbelpacker mit Recht erwarten. Sollte der „Schdoob" allzu gering ausfallen oder gar ausbleiben, wird der Nicht-Empfänger sich das geradezu elefantös merken. Dann brauchen Sie sich nicht zu wundern, wenn Sie nicht bedient werden, den Flughafen nur über unfassbare Umwege erreichen oder der Schrank auf Ihrem Fuß abgestellt wird. Ein angemessener „Schdoob" – das weiß der kluge Sachse – ist eine sinnvolle Investition in die Zukunft.

Schnongse

So ein Bonbon oder auch Drops kann oft der Eisbrecher für ein schwieriges Gespräch sein oder angespannte

Situationen spürbar auflockern: „Gomm, mei Gleenor, nimm ma ä baahr Schnongse!" Versuchen Sie's mal. Funktioniert geradezu verblüffend. Merke: Solange gelutscht wird, wird nicht gestritten oder geschlagen.

Serwierwannsd

Hier zeigt der Sachse seine für Uneingeweihte leicht missdeutbare Fantasie am Beispiel Kellner. Wirklich abfällig – und das mit voller Absicht – werden faule Kellner als „Serwierflähz" betitelt.

Ssssou

Hier haben wir eines der wichtigsten sächsischen Worte. Es funktioniert in allen Lebenslagen wie ein Absatz im Text oder ein gesprochener großer Doppelpunkt. Danach kommt fast immer was Neues.

urscheln

Verschwenderisch sein. „Urscheln" ist kein wirklich beliebter Wesenszug, denn es geht fast immer einher mit „rummährn" oder „grouhsgoddzsch" sein. Obwohl es durchaus Spaß macht. Also, wenn Sie „urscheln", dann mit Augenmaß.

Wannsdrammeln

Medizinisch-poetische Bezeichnung von Magendrücken, Darmproblemen oder auch Blähungen. Man kann aber auch ganz einfach sagen: „Mior zwärnds inn Wansd drinne!"

So Das unscheinbare deutsche Wort „so" erfährt im Sächsichen eine vollkommen neue Würdigung. Aus dem kurzen Wörtchen wird das genüsslich verlängerte „sssssou".
Es ist der ideale Trenner zwischen verschiedenen Gesprächsthemen oder Handlungen. Es vermag gar anzuzeigen, dass ein neuer Lebensabschnitt beginnt. Sächsische Babies sagen als erstes Wort nicht „Mama", sondern „Sssssou!" Nach erfolgreichem Heiratsantrag seufzt der Bräutigam: „Sssssou!" Und bei der Beerdigung hört man den Pfarrer tröstend sagen: „Sssssou!"

weeßgnebbschn

„Na so was!" oder „Schau mal einer an!" Wird meist bei erfreulichen Ereignissen wie erwünschtem Nachwuchs, überraschenden Hochzeiten und unerwartet gewonnenen Fußballspielen benutzt.

Wurzlsäbb

Gärtner. Die Bezeichnung trifft den Tätigkeitsbereich des Gärtners zwar nur ansatzweise, dafür ist sie lustig.

Zäbbel
Großer Bengel, Seppel oder Lausejunge, der durch seine naiv-kindliche Unbedarftheit die Herzen aller Omis im Sturm erobert

zäggn
Ärgern, rumstänkern. Wer zäggt, riskiert eine „digge Libbe" und macht sich unbeliebt. Mal ehrlich: Wer sich mit einem Sachsen – der wie schon mehrfach erwähnt zu den nettesten und friedfertigsten Erdenbürgern gehört – nicht einigen kann, hat nichts anderes verdient!

Zärrwannsd
Musik spielt in Sachsen eine große Rolle. Nicht erst seit Johann Sebastian Bach. Es muss ja auch nicht immer die Orgel sein. Ein Akkordeon tut es auch – es ist ohnehin laut genug. Man kann auch „Gwäddschgommouhde" oder „Ziehgwiedsche" dazu sagen.

zordebborn
Zerschlagen oder kaputt machen. Beim Polterabend „wärds Geschärre zordebbord". Natürlich fällt dem Sachsen auch mal aus Versehen was runter, oder der Sohn „zordebbord" mit einem schönen Vollspannschuss die Wohnzimmerscheibe des Nachbarn. Zum Glück gibt's „de Hafdpflischdversischerung".

KANNST DU'S MIT DEN SACHSEN?

1. Ein Gespräch beginnt der Sachse mit ...
a) Se wern endschuldschn
b) Hallou
c) Ssssou

2. Wie nennt der Sachse einen Menschen, der ihm lieb und teuer ist?
a) Mei Gleenor
b) Mei Besdor
c) Mei Guhdsdor

3. Was ist ein Gombleggdeschachd?
a) Eine Vorrichtung in Restaurants
b) Wenig liebevolle Bezeichnung des Mundes
c) Ein altes Kellergewölbe

4. „Gugge ma, den sein Bonbon!", bezeichnet...
a) ein Lutschbonbon
b) ein Parteiabzeichen
c) ein Geschlechtsorgan

5. Über starke Schmerzen klagt der Sachse...
a) Mior duhn de Gnäbberzschn weh
b) Mior is rammdeehs'sch in' Gobbe
c) Mior duhd alles weh

6. Wenn der Sachse sagt: „Mei Nahbl gländsd!"...

a) ist er satt

b) ist er krank

c) hat er sich eingecremt

7. Was meint der Sachse mit „einholn"?

a) Er muss das Auto überholen

b) Er geht einkaufen

c) Der Anker muss eingeholt werden

8. „Gohgln" sollte man nicht. Warum?

a) weil es unanständig ist

b) weil man nicht so oft googlen sollte

c) weil man nicht mit Streichhölzern spielen soll

9. Was ist ein „Mouhdschegiebschn"?

a) eine Süßspeise

b) eine langer Rock

c) ein Marienkäfer

10. Der Sachse verabschiedet sich gerne mit den Worten

a) Wiedorsehn

b) Schissie

c) Machs Addsche

LÖSUNG:

1. c: Ssssou
2. c: Mei Guhdsdor
3. b: Wenig liebevolle Bezeichnung des Mundes
4. b: ein Parteiabzeichen
5. a: Mior duhn de Gnäbberzschn weh
6. a: ist er satt
7. b: Er geht einkaufen
8. c: weil man nicht mit Streichhölzern spielen soll
9. c: ein Marienkäfer
10. c: Machs Addsche